ユネスコ高等教育
勧告宣言集

大学改革論の国際的展開

東京高等教育研究所・日本科学者会議 編

唯学書房

再刊にあたって

　本書は、日本の大学政策が保守勢力による攻撃、とりわけ1987年の大学審議会以降の「教員任期制の導入、管理体制の強化、大学評価の強制など、戦後の大学のあり方の大幅な転換」(「はじめに」より)と、1980年代以降の臨調行革路線のもとで進められた国立大学法人化を目前に控えた時期に刊行された。「はじめに」の冒頭で浜林正夫は、「日本の大学はいま戦後最大の危機をむかえている」との認識を示している。これを受け継いで現在の状況をみれば、日本の大学の危機は一層深刻化し、それは大学にとどまらず学術全体にも広がっており、もはや崩壊の寸前であるといっても過言ではない状況にある。

　本書刊行以降、2004年には国立大学は法人化され、2006年には教育基本法が全面改訂された。刊行当時には想定されない事態であった。新教育基本法では、教育の目的(第1条)に加え、目標が設けられた(第2条)。旧法ではなかった大学についても規定され、「大学は、学術の中心として、高い教養と専門的能力を培うとともに、深く真理を探求しあらたな知見を創造し、これらの成果を広く社会に提供することにより、社会の発展に寄与するもの」(7条1項)と位置付けられた。「社会に提供し」「社会に寄与する」とは、人類社会に貢献するものというよりは、そこでの含意は政権党が描く国益に寄与することにある。そのことは、その後の科学技術政策に学術を従属させていく流れをみれば明らかである。科学技術政策は、科学技術・イノベーション政策にとってかわられ、イノベーションのための技術であり、科学はそのためのものとされる。

　2020年10月、当時の菅首相は、日本学術会議会員の任命に当たって、学術会議から推薦された105名のうち6名について任命を拒否した。明らかに違法行為であり、それは学術の専門性に基づく推薦を、それ以外の理由に基づいて拒否したものであり、学問の自由への重大な侵害である。

　2012年に始まる第二次安倍政権は、大学の組織の在り方を根底から覆す学校教育法改正を2014年に強行した(2015年施行)。同法では、学長権限の強化とともに、教授会権限が大幅に縮減された。改正前には、教授会は重要事項を審議するための必置機関であったが、改正により、「学生の入学、卒業及び課程の

3

修了」「学位の授与」「教育研究に関する重要な事項で、教授会の意見を聴くことが必要なものとして学長が定めるもの」について学長に意見を述べるだけの機関に位置づけられた。大学の運営は、学問の自由に基づく大学の自治によって行われるべきであり、民間経営の手法を用いたトップダウンで行われるべきではない。教職員、学生の自由な発想に基づく自発的な研究が行われる組織だからである。これまで、その中心を担ってきたのが教授会であった。その権限が奪われたままでは、学問の自由は画餅に帰してしまう。

　大学の自治、学問の自由を正常な形に戻すためには、2014年の学校教育法改正で失われた教授会機能をまずはとりもどすことが喫緊の課題として私たちに求められている。

　本書で取り上げられた高等教育に関するユネスコの諸文書は、およそ4半世紀前に出されたものであるが、その輝きは失われるどころか今なお増している。とりわけ「高等教育の教育職員の地位に関する勧告」は、現在あらためて読み返され、その内容は生かされるべき文書である。日本の高等教育政策がこれらの文書とは正反対の方向を向いていることは明らかである。

　大学関係者だけではなく、高等教育政策にかかわるすべての者、さらには多くの市民に本書を手にしていただきたく、20年を経てあえて再刊することとした。

　2023年 6 月

東京高等教育研究所
日本科学者会議

はじめに

　日本の大学はいま戦後最大の危機をむかえている。

　憲法と教育基本法にもとづいて1949年に発足した戦後の大学は、戦前戦中の
ゆがめられた研究教育のあり方の反省のうえにたって、学問の自由と大学の自
治と平和的民主的な人格形成を柱として構築され、日本の大学関係者はその後
一貫してこの理念を守り続ける努力を重ねてきた。

　しかし、わが国の保守勢力はこのような大学のあり方にたいして、新制大学
発足直後から絶えず攻撃を加え、特に1987年に大学審議会が設置されてからは
教員任期制の導入、管理体制の強化、大学評価の強制など、戦後の大学のあり
方の大幅な転換をはかってきた。これに加えて、1981年に設置された臨時行政
調査会による行政改革のもとで、1996年に国立大学の独立行政法人化の方針が
打ち出され、2002年3月、「新しい『国立大学法人』像について」という答申
が提出され、2004年からの法人化をめざして急速に準備が進められつつある。
そのめざす方向は研究や教育を経済界の利益に従属させ、大学を競争と効率主
義に追い込むものである。これは日本の学問を破滅させ、未来を担う青年の力
を衰退させることとなるであろう。一方、私立大学もまた受験生の減少による
経営難から財政的破綻に追い込まれているところが少なくなく、ここでも研究
と教育に大きな困難が生じている。

　このような大学の危機的状況は、日本とは事情を異にするけれども、全世界
的にみられるところであるが、これにたいしてユネスコは1990年代からとりく
みを強め、本書に収録した三つの宣言・勧告を発表した。その経緯については
「政策文書」に詳しく述べられており、また深山正光氏の論考にもふれられて
いる。

　ユネスコのこのとりくみについて注目した日本科学者会議と東京高等教育研
究所の有志によって数年前からユネスコ勧告研究会が組織され、三つの宣言・
勧告についてはすでに小冊子でその翻訳を刊行しているが、ここに新しく「政
策文書」の翻訳を加え、あらためて刊行することとした。それはユネスコのと
りくみと提言には、今日の日本の大学危機を克服するうえできわめて重要な手

がかりがあると考えたからにほかならない。本書と『異議あり新しい「国立大学法人」像』（日本科学者会議編、青木書店）とをあわせ読まれることによって、21世紀の日本の大学のあるべき姿と、それをめざす方向がひとりでも多くの人びとに共有されることを心から願ってやまない。

2002年5月

浜林　正夫

目　次

ユネスコ高等教育勧告宣言集

大学改革論の国際的展開

ユネスコと高等教育
——90年代のとりくみの展開——

深山　正光

　ユネスコの90年代を象徴する課題は何かと問うならば、それは「平和の文化」の課題化とその追求、そして、高等教育への画期的なとりくみであったといってよい。これは、独断でも我田引水でもないのであって、ユネスコ活動の展開そのものが示すところである。

　ユネスコの活動は、その権能に属する教育・科学・文化・通信というじつに広範な分野の諸課題をめぐる国際社会の要請に応えるべく展開されてきた。1974年、1982年、1989年、そして1995年にそれぞれ合意されたユネスコの各中期戦略の確認、そして隔年に開催されてきている総会での決議、さらにそこで確認されてきた活動計画・予算書等に目をとおすならば、4分野のそれぞれにふくまれる広範多様な諸課題に加えて、学際的プロジェクトとして合意された諸課題へのとりくみの展開は、課題の焦点化をふくめて、全体として、ユネスコ活動の発展を示している。

　そのことを前提として、なお、ユネスコの90年代のとりくみのハイライトは「平和の文化」と高等教育の課題であったということができる。それは、この二つの課題が、戦後のとりくみとその発展を確認し、明確に新しい世紀の課題を展望するという点で共通の特徴をもつからである。

90年代の展開

　「平和の文化」の課題については、『日本の科学者』などに若干の紹介があるものの、政府の消極的姿勢もあって広く国民に知られているわけではないので、ここで一言しておきたい。2000年は国連の「国際平和の文化年」であった（国

連総会決議52・15）が、これは、ユネスコが平和をめざす課題への戦後のとりくみの発展を総括して「平和の文化」の課題として確認してきたものを、世紀の転換点にあたって国連が国際社会の課題としてあらためて確認したものである。それは、平和の課題は当然のこと、同時に、人権および基本的自由の尊重、国際理解と寛容、連帯、そして持続可能でかつ公正な経済社会開発、さらに地球環境の保全といった諸課題のすべてが「平和の文化」を建設するうえでの基本的な構成内容となるものだという確認（ユネスコ第25回総会、1989年）にもとづくものである。現代世界が共通に直面するこれらの諸課題は、それぞれが人類にとって死活的に重要な課題であり、同時に、それらの諸課題が相互に不可分、ないし密接な関係をもつものであることを、戦後の国際社会のとりくみの発展が明らかにしてきていることの、あらためての確認である。

　さて、ここでは90年代のユネスコの高等教育へのとりくみを全体としておさえておきたい。まず、総会での確認を中心として90年代のとりくみの展開を列挙しておこう。

- 第26回総会（1991年）欧州高等教育センターの活動の強化／高等教育における研究と資格の認定／高等教育の教育職員の地位に関する包括的研究を事務局長に要請／UNITWIN・ユネスコ基金発足

- 第27回総会（1993年）「高等教育における研究と資格の認定に関する勧告」／学問の自由に関する国際基準文書の適切性についての研究を事務局長に要請／高等教育の教職員の地位に関する国際基準文書を採択することの妥当性についての検討を事務局長に要請／高等教育の全領域にわたるユネスコの総合政策の研究ならびに高等教育世界会議の開催の適切性についての検討を事務局長に要請

- 第28回総会（1995年）「高等教育の変革と発展のための政策文書」の提出／「高等教育の教育職員の地位に関する勧告」草案の作成／6年継続の「女性・高等教育・発展」プロジェクト開始

- 第29回総会（1997年）「高等教育の教育職員の地位に関する勧告」の採択／諸地域会議の集約としての高等教育世界会議を開催、「21世紀に向けての高等教育世界宣言——展望と行動」および「高等教育の変革と発展のための優先行動の枠組み」を採択（1998年）／世界科学会議を開催、「科学

と科学的知識の利用に関する宣言」および「科学アジェンダ——行動のための枠組み」を採択（1999年）

- 第30回総会（1999年）21世紀をめざす高等教育世界会議の追跡／「高等教育の教育職員の地位に関する勧告」に関する最初の各国政府からの報告について／「科学と科学的知識の利用に関する宣言」および「科学アジェンダ——行動のための枠組み」の追認／世界科学会議の追跡と提案の実践を確認

みられるように、ユネスコの高等教育へのとりくみは、90年代、とくにその後半においてじつにめざましいものであった。そして、そのとりくみの節々ともいうべき主要な提起、確認として、次の四つがあげられよう。

① 「高等教育の変革と発展のための政策文書」（以下、「政策文書」と略記）の提案（1995年）

② 「高等教育の教育職員の地位に関する勧告」（以下、「地位勧告」と略記）の採択（1997年）

③ 「高等教育世界会議」の開催、「21世紀に向けての高等教育世界宣言——展望と行動」（以下、「宣言」と略記）および「高等教育の変革と発展のための優先行動の枠組み」（以下、「優先行動」と略記）の採択（1998年）

④ 「世界科学会議」の開催、「科学と科学的知識の利用に関する宣言」（以下、「科学宣言」と略記）および「科学アジェンダ——行動のための枠組み」（以下、「科学アジェンダ」と略記）の採択（1999年）

以下、これらの提起、確認の意義について手短かにみておきたい。

「政策文書」の提起

ユネスコ第27回総会（1993年）は、「高等教育の全領域にわたるユネスコの総合政策の研究」を事務局長に要請した。それは、戦後50年、高等教育は未曾有の発展を遂げ、経済社会発展への決定的な貢献が確認されてきたが、あらゆる国ぐにで危機に直面している。その発展のためには高等教育の役割の見直し、および基本的政策課題の解明が迫られているという確認にもとづくものであり、「政策文書」はこの確認と要請によって作成されたものである。

その全体は151項目に及ぶが、主な内容は「高等教育の動向」、「変化する世界での高等教育への挑戦」、「高等教育の対応——新しい展望」および「高等教育の変革と発展——ユネスコの役割」である。最初の「高等教育の動向」については、24項目にわたり、量的な拡大、多様化、基金・財源の制約、国際化の高まりの４項目について記述されている。そこでは、高等教育の近年の発展はきわめて多様であるが、その多様な世界の高等教育の制度や機関に共通する傾向が三つあるとする。

　一つは量的な拡大であるが、そこには諸国間、諸地域間にたいへんな不均衡が拡がってもいる。二つめは高等教育機関の機構や形態、学習内容の多様化であるが、そこには機関と内容の質の問題、アクセスの平等の問題、さらに学問の自由と機関の自治の尊重のうえに高等教育の任務と役割の堅持を保障するという問題がある。そして三つめに財政上の制約の問題だが、ここにも先進国と途上国との間のギャップが大きい、などを指摘している。

　「変化する世界での高等教育への挑戦」では、13項目にわたり、主要な挑戦の様相、経済・技術発展をめぐる要請の変化、新しい開発戦略と高等教育の３項目が記述されている。そこでは、人間の努力の多くの分野で進歩がつくりだされたが、なお今日の世界の挑戦は最高潮に達している。世界の主な動向をみるだけでも一連の併発的、場合によっては相対立する変化の過程がある。民主化、グローバル化、地方分権化、両極化、進歩からの取り残し、分裂がそれであり、そのすべてが高等教育の発展に関係をもち、十全な対応を要請している、とする。と同時に、変わりゆく経済・技術発展の要請および開発戦略の変更もまた重要であり、開発戦略についてはユネスコも支持する持続可能な人間的開発が追求されなければならず、そのなかで経済成長は社会発展に役立ち、環境的な持続可能性を確実にするものでなければならない。変化の諸過程から生起する諸問題を打開するための探求は高等教育をふくむ教育にこそかかっている、としている。

　「高等教育の対応——新しい展望」については、高等教育の存立と役割を規定する標語として「適切性」、「質」、および「国際化」の３点を指摘し、「適切性」については社会全体との関係、高等教育と労働の世界、国家との関係および機関の運営、財政支出と経費負担責任、教授・学習の革新、高等教育の研究

14

機能の強化、他段階の教育への高等教育の責任の7項目が、「質」については教授陣および教育内容の質、インフラおよび学問環境の質の3項目が、そして「国際化」について国際協力の原則と形態、知識へのアクセス、学術的卓越のためのネットワークづくりの3項目が、それぞれ記述されている。その全体は75項目に及んでいる。

　これらの諸項目からうかがえるように、そのいずれもが重要な意味をもつ内容であるが、ここでその要約を紹介する余裕はまったくないので、例示的に1、2の項目についてみておきたい。「国家との関係および機関の運営」について、高等教育の役割と運営を成功的に推進する前提の一つは、国家および社会全体との良好な関係であるが、この関係は学問の自由と大学の自治の原則を基礎としなければならず、それは、すべての高等教育機関にとって、それが自由な探求の共同社会であり、社会においてその創造的、熟慮的、批判的役割の遂行を保全するうえで不可欠である。国家は触媒的、規定的役割を演じなければならないが、同時に、全社会・経済環境の下で、高等教育機関は国家および社会の各分野との結びつきを形成し、社会一般への責任を受容することを迫られる、と述べている。また、「教授陣および教育内容の質」にふくまれる「質的評価」について、質の評価は高等教育の質的向上を追求するうえで不可欠であるとしたうえで、だが、質的評価は財政問題のみを念頭に実施されてはならず、また、かたちは質的評価だが実質は量的評価になってしまうような、高等教育機関の全般的役割のその側面に主に関連させないことが重要だ、また、学問の自由と大学の自治の原則の厳守が正当に留意されなければならない、しかしながら、この原則は、必要な変革に反対して闘うために、あるいは狭い仲間的態度や特権の乱用の隠蔽として主張されてはならない、としている。

　さて、最後の「高等教育の変革と発展——ユネスコの役割」だが、ここではアクセスと参加の拡大、より広範な財源基盤の探求、適切性と質の促進、国際協力の拡大の諸項目が24項目にわたって記述されている。その紹介は省略するが、ここでも「適切性と質の促進」の内容として、高等教育機関の役割と発展、学術生活の基礎的前提として学問の自由と大学の自治の原則が重要であること、ユネスコは、これについて国際的に確認された基準の設定が必要であり、加盟国、高等教育NGO、学術社会全体と協力して、この原則の強化および高等教

育教員の地位の向上に努めること、などが明らかにされている（137項）。

「地位勧告」

　さきに総会での確認を中心とした90年代の高等教育へのとりくみの展開で指摘したように、高等教育の教育職員の地位に関する国際基準文書の合意の問題は、第26回総会（1991年）で課題となり、第27回、第28回の各総会をへて、第29回総会（1997年）で「勧告」として採択されたものである。第27回総会の諸課題の確認からもうかがえるように、この「地位勧告」と、さきにみた「政策文書」の作成、そして次にとりあげる高等教育世界会議が、相互に内的関連をもちながら同時併行的に取り組まれたわけで、さきに「政策文書」について１、２の例示としてあげた原則は「地位勧告」の諸規定に具体化しており、また、「世界会議」で確認された「宣言」ではその第２条および第10条で「地位勧告」を位置づけている。

　この勧告は大学教員の地位に関する勧告であり、その身分保障をめぐる諸基準を内容とするが、同時に、その前提として大学教員の権利と自由、義務と責任をめぐる諸原則についても規定し、さらに高等教育機関そのものの権利と義務、責任の諸原則をも明らかにしている。そしてさらに、21世紀を目前にして世界の大学が共通にめざすべき人類的な諸課題を確認し、高等教育計画において加盟各国がとるべき措置についても明らかにしている。そのような内容から、この勧告は、国際社会による、大学教員の地位を主題とする現代の「大学の論理」の確認であるといってよい。

　「地位勧告」を「大学の論理」の確認だと考える三つの問題側面について、ここでみておきたい。その第１は、社会の発展における大学の役割・貢献という問題である。そこには相互に不可分の関係にある二つの原理的課題が指摘されている。すなわち、人権としての教育、とりわけ高等教育への人びとの権利を保障するうえでの国家の責任をめぐる諸原則をあらためて確認するとともに、高等教育が「平和の文化」に貢献すべきであることを「指導原則」で明らかにしている。第２に、この社会発展における大学の役割を制度的に保障する原則として、学問の自由と大学の自治の意義を明らかにしている。「高等教育と学

問および研究の発展は、……高等教育の教育職員の学問の自由、職能的責任、同僚間の協同および自治に支えられた……資質、……資格と専門知識にも大きく依存する」（第5項）、としたうえで、「教育機関の権利と義務および責任」の章で「学問の自由の適正な享受と……義務および責任の遂行は高等教育機関の自治を要求する」（第17項）、「自治は、学問の自由が機関という形態をとったものであり、高等教育の教育職員と教育機関に委ねられた機能を適切に遂行することを保障するための必須条件である」（第18項）、「加盟国は、高等教育機関の自治にたいするいかなる筋からの脅威であろうとも高等教育機関を保護すべき義務がある」（第19項）としている。さらに自治の内容と条件、学問の自由の内実についても具体的に規定しており（第21項〜29項）、また、市民的権利の保障と学問の自由との関係についても明確にしている。

　そして、「大学の論理」を構成する第3の問題は、大学の教育職員を代表する「団体」の役割と地位についての諸原則を明確にしていることである。勧告は「指導原則」で「高等教育の教育職員を代表する団体は、教育の進歩に大きく貢献することができ、したがって……高等教育の政策決定にふくまれるべき勢力としてみなされ、かつ認識されなければならない」（第8項）とし、高等教育機関が倫理綱領等を創造する際に教員団体との交渉をつうじるべきこと（第22項）、高等教育機関は、その諸目標を実現するための責任体制を構築しなければならないが、その際「教育職員を代表する団体は……この体制の立案に参加しなければならない」し、「国家権限による責任機構が確立されている場合、その具体化手続きは、……関係する高等教育機関ならびに高等教育の教育職員を代表する団体と協議しなければならない」（第24項）としている。

　教育職員を代表する団体とはむろん教職員組合、労働組合であり、当然に教育職員の正当な利益、権利を擁護する課題に取り組むものである。教育職員は結社の自由をはじめとする労働基本権の完全な権利主体でなければならず、その雇用・労働条件は、彼らを代表する「団体」と雇用者との交渉過程をつうじて決定されなければならず（第53、54項）、さらに交渉が決裂した場合には別の手段（ストライキ権の発動）をとる権利も確認されている（第55項）。重要なのは、この「団体」が教育職員の雇用・労働条件を擁護する労働者の団結体であると同時に、高等教育の政策決定から、高等教育機関の責任体制の立案に参加し、

あるいは協議に加わるべき、専門職の団結体でもある、という確認である。この確認は1966年の初等・中等学校の教員を対象としたユネスコ・ILOの「教員の地位に関する勧告」でも同様に規定されており、NGOの位置づけとともに、国際社会の常識に属するものである。

　なお、66年勧告の実施点検のために設置されたILO・ユネスコの合同専門家委員会（CEART）は、2000年9月に第7回の通常会議を開催し（その他特別会議を4回開催）、正式に、学問の自由等の諸項目を詳細に指摘して、97年のユネスコ勧告の実施と点検を調査し、検討する課題をその任務に加えることを確認している。

　この際、教育職員を代表する「団体」についての日本政府の「見解」が無知と身勝手を国際社会にさらした事実について紹介しておきたい。予備案の段階でユネスコの担当者に送られた「見解」では、「大学に関する諸問題を審議するための助言する権限のある団体が大学教授をふくむ有識者で構成されて国家レベルで存在し、その審議において大学教授が重要な役割を果たす場合、条項8で規定されている基準は充足されたということができる」、「学部教授会、教師からなる国家レベルの教授組織、および教師の代表が参加する政府の諮問委員会のような、個別の機関に属する教師から主に構成される意思決定可能な団体である」ことを「定義」に追加せよと主張した。つまりは大学審議会のような「組織」も教職員を代表する「団体」に該当するというのである。そして、教育職員の結社の自由、団体交渉権については「高等教育教師の結社の自由および団体交渉の権利についての規定は不要である。この条項を削除する」というのが日本政府の「見解」であった。それはまことに身勝手で、恥の上塗りを地でいくような「提案」であり、国際社会が肯定するはずのないものであった。

高等教育世界会議

　1998年10月（5〜9日）に開かれた高等教育世界会議は、ユネスコとしては50年をこえる世界の高等教育発展のためのとりくみのなかでのはじめての開催であった。この会議で「高等教育世界宣言」および「優先行動」が確認されるのだが、このはじめての世界会議であったということ以上に、そこに盛り込ま

れた諸原則と活動計画の内容と同時に、それを練り上げていくプロセスそのものに特別に重要な意義、特徴があったことを最初に指摘しておきたい。

　世界会議の開催は、1993年の第27回総会での決議１・12の第７項「高等教育世界会議開催の実行可能性の検討」をうけ、1996年７月の事務局長の開催発表で始動した。そこでは、世界会議の開催に先行して、世界の諸地域会議の開催が提起され、その目的が、平等と正義、連帯と自由にもとづく発展の基礎としての平和の構築への高等教育の貢献を強化するために、全世界的な高等教育の徹底的な革新、変革の基本的諸原則を明らかにしようとするものであることが示されていた。「宣言」の前文で指摘しているように、1996年から1998年にかけて、東京でのアジア・太平洋地域会議をふくむ五つの地域会議が開かれ、そこで採択された宣言や確認された文書に盛り込まれた諸原則、諸課題が整理され、集約されて、「世界会議」に提出され、「宣言」および「優先行動」の提案を補強した。五つの地域会議のすべてが同様であったわけではないが、たとえばハバナでのラテンアメリカおよびカリブ海地域会議は関係各国、各界から688名が参加したが、国レベル等での諸会議には関係者4000名以上が36の会議に参加したことが報告されている。なお、これらの地域会議のほか、カナダのトロントおよびフランスのストラスブールでの「世界会議」に関する高等教育専門家会議、さらにパリでの高等教育関係NGOの集団協議、バンコクでの国際大学協会の会議等が世界会議に向けて組織された。

　世界会議での論議は、「政策文書」の課題提起および運営委員会の提案にそって、高等教育の適切性、高等教育における質の問題、管理運営と財政、国際協力の４分野にわたって展開され、そこでの確認が作業文書として整理され「世界会議」の確認の内容に反映されることになる。同時に、運営委員会は、とくに活動計画に関連する諸課題を明らかにするために、高等教育に関する政府組織および非政府組織による12の課題をめぐる討論会議を提起した。それは、高等教育と発展、高等教育の新傾向と革新、高等教育と文化の３分野に整理されて論議されたが、たとえば高等教育と文化の分野についてをみるならば、そこには女性と高等教育、平和の文化の推進、文化力の動員、自治と社会的責任と学問の自由の４課題がふくまれていた。世界諸地域から50をこえる組織がこの討論に参加した。

「世界会議」への諸課題の提起およびその準備と組織化の任に当たったのは、ユネスコの高等教育諮問委員会に設置され、事務局長の任命による、諸地域の代表によって構成された世界会議運営委員会であり、その執行書記局はユネスコの高等教育部が当たった。

　最初に、この世界会議へのとりくみは、その内容を練り上げていくプロセスそのものに特別に重要な意義、特徴をみることができると述べたが、以上に紹介したように広範多様な高等教育関係者が諸地域会議、専門家会議、集団協議、課題論議に参加し、その論議の集約の積み上げによって「世界会議」の内容が練り上げられていったそのプロセス自体がこの世界会議を構成するものであったということができる。高等教育の世界会議そのものがユネスコとしてははじめてのとりくみであったことと同時に、このようなプロセス重視の世界会議もユネスコとしてはたぶんはじめての方式であったといってよい。「政策文書」から始まるユネスコ事務局の高等教育部、事務局長の世界会議の成功にかけた意志と意欲は、このプロセスをつうじて発揮されたイニシアティブ、会議のために準備された集約や作業文書等で読みとることができる。

　ここで世界会議に向けて整理された各地域会議での確認の集約文書から、諸課題のなかで最も多くの提案がなされた「高等教育と労働の世界」に関する確認のほんの一部を紹介しておきたい。

　欧米をふくめて全世界が失業という厳しい現実に直面し、この関係の諸課題が高等教育改革の中心課題となっており、パレルモ会議では第1の優先課題とされた。高等教育機関と労働の世界との間になお存在する障害を除去しようとする強い意志が傾向としてみられたとされ、そして、労働の世界を企業の直接的要求に限定する狭いとらえ方は受け容れられなかった、とされている。具体的には、この関連は短期的な企業の利益から独立したものでなければならない（東京）、諸任務は国の優先分野と提携されなければならない（ダカール）、学習内容をよりダイナミックに改革する必要があるし、新しい柔軟な機構の導入により労働分野の要求に応えられる（ハバナ）、高等教育機関は新しい専門家への社会経済分野からの要求を明らかにし、労働市場の形成を援助しなければならない（ベイルート）、高等教育機関はその長期的方向づけの基礎を労働市場ないしマンパワー計画にではなく、社会的要求におくべきである（パレルモ）、高

等教育機関は反発的および肯定的双方の手法により生産分野との不断かつ相互交流的協同関係を推進すべきであり、そのカリキュラムを労働現場の要求に適合させ、新しい学問分野や特殊化をその内容に組み込まねばならない（東京）などが提起された。提案の多様さもさることながら、用語も労働の世界、生産分野、企業、サービス分野、ビジネス等多様であった。

　最後に、採択された「宣言」の構造についてみておきたい。前文は世界的な高等教育改革の必要性と世界会議の目的および経過、さらに、国際的に確認された基本原則および高等教育改革に関連する諸勧告の再確認、新たな世紀における高等教育の重要性への確信を述べる。これを前提として、第1に、高等教育の使命、役割を、伝統的な役割に加えて、とくに市民性の教育、その倫理的、先見的役割として明らかにしている。第2の部分は、高等教育の新たな展望とそこでの基本的な考え方を提示する。機会均等、女性の参加、研究を基礎とする知識の普及、適切性および長期的展望と社会的必要、労働の世界との関連、機会の均等化への多様化、高等教育の主人公としての教職員と学生などについての基本的考え方がそれである。そして第3に、展望から行動への展開を促進する諸課題が原則的に提起される。国際的な質の基準と基準の多次元性、技術の可能性と人びとの権利、管理運営と財政の強化、高等教育の公共性、そして、とくに重要な確認として第17条「共同関係と協力」における連帯と共同にもとづく協力の発展などをとおしての展開の提起である。

世界科学会議

　世界科学会議（1999年6月26日〜7月1日）は、国際政府組織としてのユネスコと非政府組織であるイクシュ（ICSU国際科学会議）とが合同で組織したものであり、ブダペストで開催され、「科学と科学的知識の利用に関する宣言」（「科学宣言」）および「科学アジェンダ――行動のための枠組み」（「科学アジェンダ」）を確認、採択し、その「追跡」の課題と責任を明らかにした（「科学アジェンダ」第92項〜96項）。

　この世界会議の最大の特徴は、さきに述べたように、国際政府間組織としてのユネスコと非政府組織（NGO）であるイクシュとが合同で組織した、その意

味ではユネスコとしては初めてのとりくみであっただけでなく、国際連合と非政府組織の協力という点での重要な経験でもあり、かつ、大きな前進でもあった、という点にある。会議の開催への準備と期待の高まりのなかで、NGOの参加を最大可能とするために、会議の日程に国際NGOの協議が二日間にわたって正式に組み込まれ、60の国際NGOが参加して、二つの主要文書の練り上げに貢献した。そのNGOの準備委員会にはイクシュや世界科連をふくむ５団体が参加し、背景文書としては、イクシュの「倫理および科学の科学的責任」、世界科連の「グローバル化に直面する科学的倫理のために」、教育インターナショナル（EI）の「世界科学会議への提案」などが提起された。

　事務局長の閉会挨拶でも述べていたが、ユネスコとNGOとの協力に加えて、広範な関係者の対話と共同が組織されたことも特徴として指摘される。科学と社会をめぐる諸原則および諸課題をグローバルに明らかにする会議に、各国の政府関係者だけでなく、諸分野の科学者、技術者、さらに教育者、そして雇用者、私企業の代表、NGO、メデイア関係者が参加をし、科学、政策、社会の要求、そして地球市民としての倫理をめぐって対話が展開され、広範な関係者の共同が組織された。そして、この広範な関係者の共同は、「われわれは、科学におけるあらゆる当事者の間でのパートナーシップのいっそうの強化を呼びかける」（「科学アジェンダ」第96項）とされ、今後の重要な課題として確認されている。

　この会議の特徴の一つは若手研究者の問題と課題が正当に位置づけられたことであった。世界会議にさきだつ二日間、世界科学会議の付随会議として「若手研究者国際フォーラム」がハンガリー科学アカデミーで開催され、57か国から150名の若手研究者（平均年齢25歳）が参加した。そこでは、科学と社会、科学と教育、科学教育、科学の諸基準、科学と倫理、科学の機会均等、科学と発展、若手研究者の能力と履歴、基礎研究と応用研究、軍事研究等の問題をめぐって論議され、科学者の社会的責任、科学教育の強化と科学者と教育者の連携の強化の重要性、科学・科学者の倫理、科学者の、とくに環境と発展への社会的責任、若手研究者の科学に関する政策決定への参加等の課題が提起された。そして、このフォーラムで提起されたこれら諸課題の追跡を課題とする恒常的組織として、「若手研究者国際フォーラム」（International Forum of Young

Scientists）が創設された。

　この世界会議の特徴の一つとして、最後に科学・技術の教育、科学と教育との関係の課題が一つの重点とされたことを指摘しておきたい。「科学宣言」は「あらゆる段階および形態をふくむ、差別のない、広い意味での科学教育は、民主主義および持続可能な発展の保障にとっての基礎的な前提条件である」（第34項）とし、「科学の前進は科学教育の促進と現代化（modernization）、およびすべての教育段階での科学教育の調整という点で大学の役割を特別に重要なものとする」と述べている。そして「科学アジェンダ」は「住民の基本的な必要をまかなう力量をもとうとする国にとって、科学・技術の教育は戦略的に不可欠なものである」（第24項）とし、「平和と発展のための科学」の内容として「科学教育」の項を設けて、すべての段階での科学教育の改善、科学教育の教員および職員の研修の保障、新しいカリキュラムと教材、教授法の開発、NGOの役割、大学での科学以外の分野の学生にたいする基礎的科学教育の充実、生涯学習における科学博物館、科学センターの充実等の諸課題を提起している（第41項～49項）。そこには、科学的才能を発見し科学者を育てる系統的な教育の新しいあり方と同時に、すべての子ども・青年に発達した科学・技術への基礎的な認識と技術を獲得させるという課題があらためて提起されている。

　さて、最後に、最初に述べたように、この世界会議は、政府関係者から各分野の研究者、学術団体等の代表者、NGOそして社会一般に、世界会議での合意を「追跡」する課題と責任を確認した。「科学アジェンダ」で指摘された諸課題に、政府や大学等がそれぞれどのような追跡の課題を負っているかについて、ユネスコ事務局が整理した一覧があるので、これを掲載しておく。

科学アジェンダの条項にふくまれる主要な公約

援助ないし推進の課題	各国政府	大学・研究機関	科学者・科学社会	民間部門・資金機関	NGOと社会一般
研究と資金投入の新しい方途	7.14.15	10		15.16	
研究と社会的必要に関する教育	23.26.52.67	67.69.70		52	
環境問題解決の研究	29.30.35	29	29	29.30.35	
学際的研究と教育	67	10.31.67	31	31	
社会への技術のインパクトに関する研究	57.61.68				
科学教育	24.41.42.43.45	9.10.11.20.42.43.44.47	9		46
工学教育	24.40	40			
科学の通信と大衆化	48.49	10.48		49	48
科学への女性の参加	41.43.78.80.81.90	17.43.78.81.82.90	17.90		90
意思決定への学生の参加		44			
環境教育の倫理	33	33	73		
災害緩和の力量形成	34				
産学の共同	36.38.39	16.37.38.39	61	16.36.38.39	
科学の倫理	8.75.76.77	50.71.72.74	13.50.71.75		75.76
平和目的のための科学	51.52.53.54		53.54	51.52	53.54
発展のための科学	23.28		28		
科学・技術政策	8.38.55.56.57.58.59	58			
政策立案者および公共部門への科学的助言	61.63.64		62.64		
発展途上国での国内研究システム	16.20			12	
国際協力	7.26.27.29.45	9.11.17.27	9.13.17.27	27	
発展途上国との科学的協力	12.18.19.25				
知識の共有と情報へのアクセス	15.18	9.17	9.17	21	
科学出版・電子出版	19.21	20.21			
知的財産権の保護	8.65		65		
伝統的知識の理解と活用	33.83.84.85.86.87	33	32		32.85.86
不利な立場の集団の参加	41.81.91	17.79.81.82.91	17.91		91

出典 「世界科学会議の文書に含まれる条項と公約――追跡活用の基礎」（原文は英文）
https://unesdoc.unesco.org/ark:/48223/pf0000120706に所収

ユネスコの大学・高等教育政策と日本の課題

蔵原　清人

　本書では、ユネスコの大学・高等教育政策の20世紀の最後の10年間の到達点である、「高等教育の教育職員の地位に関する勧告」（以下、「地位勧告」）、「21世紀に向けての高等教育世界宣言」（以下、「高等教育宣言」）、「科学と科学的知識の利用に関する宣言」（以下、「科学宣言」）および「高等教育の変革と発展のための政策文書」（以下、「政策文書」）の四つの文書を収めている。ここではこれらの文書をとおしてわが国の大学にとっての意義と課題を考えてみたい。

ユネスコの大学・高等教育政策の特徴

　はじめに、ユネスコの大学・高等教育政策の主な特徴を四つの文書にそって整理しておきたい。そこでは次のような視点が強調されているととらえることができよう。

　1）科学技術と文化は現代社会において重要な役割を果たす

　民主主義と平和にとって、また人類が直面している現代の問題を解決するために科学・文化の普及と発展が必要である。同時に、科学技術の否定的結果を克服し、今後の研究開発や活用についてのとらえ直しを求めている。伝統的文化や各民族の文化も今日の科学技術への貢献をなしうるものとして尊重されなければならない。「科学宣言」で述べられている諸原則は、大学問題を考える基底にもすえられるべきである。

　2）大学・高等教育機関の役割は大きい

　「高等教育は、何世紀にも及ぶその存在意義と、変化しかつ社会の変革と進歩を推進するその能力を十分証明してきた。変化の範囲が広がり速度が増すなかで、社会はますます知識を基本とするようになり、高等教育・研究は、今日

では個人、地域社会、そして国家の文化的、社会経済的、かつ環境的に持続可能な開発のための不可欠な要素として機能している」(「高等教育宣言」前文)。

　3)　大学・高等教育の機会均等・普及

　個人にとっても、社会にとっても多くの知識が必要になっている。それはまた平等・倫理・労働等を保障するための力である。そして科学や文化をできる限り普及し、また普及できる時代になっている。社会のなかでより多くの高等教育機関の卒業者が求められているのであり、「高等教育は、能力に応じ、すべての者に等しく開放されなければならない」(「世界人権宣言」第26条第1項)。このために多様な教育機会を提供すること(「高等教育宣言」第8条)、また新しい情報通信技術を活用すること(同第12条)が強調されている。とくに女性の参加が留意されている。

　4)　学問の自由と大学・高等教育機関の自治および公共責任

　「自治は、学問の自由が機関という形態をとったものであり、高等教育の教育職員と教育機関に委ねられた機能を適切に遂行することを保障するための必須条件である」(「地位勧告」第18項)。「加盟国は、高等教育機関の自治にたいするいかなる筋からの脅威であろうとも高等教育機関を保護する義務がある」(同第19項)。

　同時に、「高等教育機関はその公共責任を果たすためにその管理を公開するよう努力しなければならない」(同第22項)として、17項目にわたって具体的内容を例示している。

　5)　大学人の責務・倫理

　「高等教育機関およびとくに大学は、伝統的な知識と文化について自由に自分の意見をもち、広め、表現し、かつ既成の教義に拘束されることなく新しい知識を追求する、そのような学者の共同体である。新しい知識の追求とその応用は、そうした高等教育機関に授任された権限の核心部分である」(「地位勧告」第4項)。こうした立場から高等教育機関の教育職員には最大限の個人の自由と権利、および自治が認められるが、同時に専門家としての節度と責任を厳しく自覚した「学問の自由に固有な個人的義務」(「地位勧告」第34項)が強調されている。

　6)　大学・高等教育教職員の地位・身分・雇用条件

「地位勧告」では、高等教育の教育職員の専門性と責務にふさわしい雇用条件を詳細に規定している。それは教育職への準備もふくめて、差別のない、公平な手続き、条件を要求している。またそのために「高等教育の教育職員は、結社の自由の権利を享受しなければならず、かつ、この権利は効果的に促進されなければならない」（第52項）。さらに、女性、障害者、少数民族にたいする差別をなくすこと、非常勤の教育職員にたいする雇用条件を改善することを規定している。

　7）教職員の団体組織性

「高等教育の教育職員を代表する団体は、教育の進歩に大きく貢献することができ、したがって、理事者その他のかかわりのある団体とともに、高等教育の政策決定にふくまれるべき勢力としてみなされ、かつ認識されなければならない」（「地位勧告」第8項）。この団体は労働条件に関して雇用者と交渉することなど、広範な役割が期待されている。

　この「教育職員を代表する団体」は労働者の団結体であるだけでなく、同時に、専門職の団結体としてもとらえられている。そうした立場で大学の政策決定、管理運営への多様なレベルでの関与・参加、協議の権利が規定されている。このことの確認はとくに重要である。

　8）教育の視点・方法および学生の位置

　学生は教育の対象であるばかりでなく、高等教育機関および教職員とともに「高等教育の教育職員の地位に関する勧告に従い」、さまざまな「倫理的役割、自治、責任および期待される役割」が提示されている（「高等教育宣言」第2条）。

　さらに、学生は教職員とともに高等教育の「主要な当事者」と位置づけられ、「国および教育機関の意思決定者は、学生および彼らの必要をその関心の中心におかなければならず、かつ彼らを高等教育の革新における主たる共同者および責任ある当事者とみなさなければならない」（同第10条（c））という。教育にあたっては、「学生に、いかに学びいかに能動性を発揮するかを教えることに重点をおく必要」（同第10条（a））があり、学習支援のために学生団体との協力を広げることが必要であると規定している。

　9）財政支出

「高等教育の財政は公的および民間の双方の財源を必要とする。この点で、

国の役割は不可欠のものである」。「財源の多様化は、社会が高等教育に与える支援を反映するものであり、高等教育の発展を保障し、その効果を増大し、さらにその質と適切性を維持するためにいっそう強化されなければならない」（以上、「高等教育宣言」第14条）。

10）国際平和と人類の福祉を推進する立場で国際的協力と共同を進める

国境および大陸を越えての知識と技術の共有、「頭脳流出」から「頭脳流入」へがユネスコの基本方針である（「高等教育宣言」第15、16条、「地位勧告」第15項）。それは人類および地球環境に関わる現代の問題は全人類の共同が必要であるとともに、今日において「科学の恩恵の多くが、国や地域、社会集団の間および両性間での構造的不均衡の結果として、公正に分配されてはいない」（「科学宣言」第5項）という認識があるからである。

日本の大学政策の特徴

これらの文書に示されるユネスコにおける大学・高等教育政策は、国による高等教育の多様性を前提としていて、すべてを画一的に統一しようとするものではない。とくに「地位勧告」の前文では高等教育の法制度や慣行、伝統が多様であることを考慮しつつ、世界で共通する基準が求められていることを強調している。そのうえで最終規定では、「本勧告の諸規定は、すでに確認された地位を引き下げるように用いられてはならない」（第77項）と、念を押している。

わが国の現状が、これらの諸文書で確認されている内容よりもいかなる点で進んでいるかは議論が必要であろう。ここでは今後の検討のために、ユネスコの政策と比べたわが国の特徴をいくつかあげておきたい。

教授会自治の位置づけ

まずはじめにあげるべきことはいわゆる教授会自治の問題である。わが国では歴史的に教授会の自治が認められ、制度として確立している。学校教育法では、「大学には、重要な事項を審議するため、教授会を置かなければならない」（第59条第1項）と規定されている。しかし近年、学部自治をなし崩しにしようとする動きが強まっており、学長のイニシアチブの下にトップダウンの運営を

進め、あるいはそれをバックアップするために学外者の関与を広げる方策が採られている。学部の内部でも学部長の権限を強化しようとする動きがある。とくに学部自治、教授会自治にたいして、迅速な全学の意思決定を阻害しているという批判が強くなっている。

　教授会では、学生の入学、卒業などの身分の問題、カリキュラムの編成など教育指導に関する問題、およびこれに関わる教員身分、人事に関する問題、大学に関わる予算・財政に関する問題などの重要事項の審議がおこなわれるべきであり、設置者はそれを最大限尊重すべきである。

　このようなシステムは国際的にみで必ずしもとられていないことは事実である。しかしわが国においては戦前からの歴史のなかで確立してきたものであり、大学運営の慣行としてばかりでなく、大学にとって必然的な意思決定システムとして尊重されなければならないものである。たしかに学部自治と全学の自治との関係はわが国においてなお十分な検討と実践的な解決を要する問題であるが、しかしそれは運用の問題であって、それを理由として大学の自治や教授会自治を原理的に否定する理由とはならない。

　政府は、学部自治が時代の変化に不適合を起こしているという理由で大学の自治そのものを否定しているのであり、ユネスコの勧告や宣言に明らかに違反するものであることを強く指摘しておく必要がある。

大学の行政的法的位置づけ、法人格の問題

　わが国の大学（学校）の行政的法的位置づけは、ユニークな形をとっている。戦後の学校制度では、学校の設置者は原則として国、地方公共団体、学校法人に限られ、このいずれも法人格は設置者にあり、設置される学校は法人格をもたないとされる。しかし入学、卒業の認定やカリキュラムの編成など、学校としての意思の決定ないし行使は事実としてさまざまにおこなわれているのであって、まったく学校が法人格を有しないとすべきかどうかは実際的にも法理的・学理的にも検討の余地がある。

　現在、国立大学の独立行政法人化をめぐって大学の法人格の問題が議論されるようになった。この制度については、中期計画の文部科学大臣の承認や人事の権限、教員身分、財政制度などさまざまな問題があることはすでに指摘され

ているとおりであるが、国立大学が法人格をもつとされる点については期待する声が少なくない。しかしこれが実現するとしても、実際にどこまで法人格が保障・尊重されるかという点では疑問が残る。すなわち独立行政法人化では、強力な文部科学大臣（国）の権限を保持するのであって、これは事実上設置者としての国の権限を強化することである。独立行政法人化された国立大学は中期計画と予算の枠内で意思決定をするに限られるのである。国立大学のみが法人格をもち公立大学、私立大学はもたないという、制度的には同じ大学のなかで設置者により法的性格が異なるものが生まれるという問題が生じる。

　わが国では、戦前期には私立学校は基本的に学校それ自体が法人格をもつとされたのにたいして、戦後の学校法人の成立によって法人格は設置者がもち、設置される学校は法人格をもたないこととして国公私の学校について制度的統一が図られたのであるが、こうした歴史的経緯をどう評価するかの問題がある。この戦後の制度は、教育活動の実際問題は、経営の責任と教学の責任を設置者と設置される学校（大学）とで分担しつつ、双方の緊張関係のなかでよりよい解決を図ることを制度的に表現したものである。

　この度の国立大学の独立行政法人化、あるいは国立大学法人化では経営の責任と教学の責任は同一の組織が負うのであるから、当然に教学は経営の条件やさまざまな事情に引きずられることになろう。たとえば経済的条件によって教育の自由が制限され、あるいは自己規制させられることになりかねない。これは戦前の私立学校の形に戻ることを意味する。

　もちろん、国公私立とも設置される学校が法人格をもつということは可能であるが、設置者と設置される学校がともに法人格をもつ場合、両者の関係をどう律するかは新たな課題となろう。

　ユネスコの宣言や勧告では大学・高等教育機関の法人格の問題はとくにふれられていないが、現実の大学の自治と運営を考えるとき、この問題は避けて通ることはできないだろう。

教員の身分保障

　教育基本法では、「法律に定める学校の教員は、全体の奉仕者であって、自己の使命を自覚し、その職責の遂行に努めなければならない。このためには、

教員の身分は、尊重され、その待遇の適正が、期せられなければならない」（第6条第2項）と定められている。これは国公私立学校を区別せず、すべての教員にたいする規定である点で画期的である。教育基本法制定当時は、この立場から、国公私立をとおして「教員はすべて特殊の公務員」とする「教員身分法」の制定が検討されていた。しかしその後の状況は当初の構想の実現には至らなかった。

現在、国公立の教員（大学教員では約半数）は公務員として、国家公務員法、地方公務員法にもとづき身分の保障、公平な取り扱い、退職後の年金や服務等の条件が定められている。さらに教育公務員特例法によって大学教員の採用、昇任は教授会、不利益処分は評議会の議にもとづくとされ、学長の選考は評議会、学部長の選考は教授会の議にもとづくとして、大学における教員人事の自治が保障されている。しかしその一方で、争議行為の禁止や政治活動の制限などの規定もある。

私立学校の教員については、労働基準法が適用されるのみで教員としての独自の特質は実定法上認められていないのであって、ワンマン経営の下で無権利状態におかれている場合も少なくない。年金に関しては、私立学校をほぼ網羅する私立学校共済が国の支援の下に設けられている。

公務員制度についてはさまざまな問題も指摘されており、現状を維持すればいいとは単純にはいえないが、国公立大学の教員の身分保障が、私立大学においても準拠ないし目標として扱われている場合があり、教員全体の身分保障のために一定貢献しているといえよう。現在検討が進められている国立大学の独立行政法人化ないし国立大学法人化では教職員身分として「非公務員型」をとるとされており、それが実施されれば私立大学をふくめて、大学教員の身分に関する法的枠組みは教育基本法のみということになりかねない。

ユネスコの「地位勧告」と比べて、わが国の大学教員の権利と自由がいかに大きく制約を受けているかを具体的に解明していくことが必要である。その制約の中心には、大学の自治を明確に認めようとしない政府の政策があることを指摘しないわけにはいかない。学問の自由と大学の自治を基本にすえて、大学の役割と特質を十分配慮し国公私をとおした教員の身分保障について、国民的議論を進めていくことが必要になっている。

日本学術会議の存在

　広い意味での大学・高等教育行政に関わるシステムとして日本学術会議の存在がある。日本学術会議は、「わが国の平和的復興、人類社会の福祉に貢献し、世界の学界と提携して学術の進歩に寄与することを使命とする」（日本学術会議法前文）独立した国の機関である。人文科学、社会科学、自然科学のすべての分野にわたって組織され、科学、学術のあらゆる問題を取り上げることができる。それは単なる学術機関ではなく、科学に関する政府の諮問を受け、あるいは自ら政府にたいして勧告をおこなうことができる。これまでも日本学術会議は、科学政策に関してさまざまな政策提案をおこない、学術の発展に貢献してきた。これは「学者の国会」とも呼ばれ、当初は研究者の直接投票で会員の選挙をおこなっていた。それはその後、学会を中心として会員を推薦し総理大臣が任命する方式に変わった。

　一方で、政府は科学技術庁の設置に伴い、総理大臣を議長とする科学技術会議を設置し、文部省には学術審議会を、科学技術庁には科学技術審議会をおいて、さまざまな課題の諮問をおこなってきた。さらに2001年1月の省庁再編により、科学技術会議は総合科学技術会議として省庁間の政策についての強力な調整機能などいっそうの権限が与えられた。こうして日本学術会議の存在を空洞化してきたのである。

　政府のこうした動きは社会のさまざまな分野を行政の目的の下に強力に動員し、あるいは統制することである。これにたいして学術や科学を、政治とは相対的に独立した分野と考え、それに関わる専門家が専門家として自律的に判断し行動することを前提としたものが、日本学術会議の設置であった。これは憲法問題としては学問の自由をどこまで認めるかに関わる重要な問題である。ユネスコの大学政策、科学政策の立場からすれば、日本学術会議を中心においてわが国の学術科学行政と政策を根本から見直すことが必要であろう。

ユネスコの大学・高等教育政策にたいする日本政府の対応

　日本政府はこれらの政策決定に参加しながらも、国内での普及にはきわめて消極的である。「高等教育宣言」と「高等教育の変革と発展のための優先行動

の枠組み」は、「文部時報」に会議の紹介と30行ほどの「要旨」を掲載（1998年11月号）した。訳文は「宣言」の日本私立大学協会の「私訳」が「教育学術新聞」に掲載されたが、「枠組み」は発表されていない。「科学宣言」は「文部時報」に比較的詳しい内容の紹介がされた（1999年9月号）ほか、日本学術会議のHPに訳文が掲載され文部省のHPからもリンクされている。しかし「科学アジェンダ」の訳文は公表されていない。「地位勧告」にいたっては国内でそれがまとめられた事実を公式には発表さえもしていない。こうした政府の対応は、むしろサボタージュであるというべきである。

こうしたことは、これらの文書にたいする日本政府の態度を表しているといえる。実際、1996年7月9日には、「地位勧告」にたいして数々の修正意見を出している。それらの意見は勧告の内容を日本政府の政策にあわせるためのものであり、詳細については検討する必要があるが、そのいくつかは実際に決定された勧告にとりいれられている。

この修正意見に限らず、わが国の大学政策は大きな問題をふくんでいる。とくに次の点については強く批判されるべきである。

1）大学と学術を経済政策、産業政策のために従属させる

わが国の政策は、大学や高等教育を、社会進歩、人類の福祉の向上、平和と民主主義のために役立たせるという視点がきわめて希薄といわなければならない。

近年の大学政策、とくに1998年の大学審議会答申以来、高等教育ないし大学のもっている力をもっぱら経済活動、産業界のために動員しようとする方向が顕著になっている。これらの経済活動、産業界とは営利企業ないしはその活動にほぼ限定されるが、社会にはそれ以外に広範な非営利的活動が存在して、社会を支えている。具体的に、たとえば環境問題へのとりくみは営利の視点だけではきわめて不十分であることは明らかであろう。すなわち、すぐには効果の現れない基礎研究を積み上げること、そのために多くの人手と時間、費用が必要なのである。営利活動としても大企業だけでなく、数多くの中小零細企業がある。大学はこうした企業を支えるためにも力を出さなければならない。

また大学が個人やさまざまなグループなどのニーズに応えることも重要であ

る。先の大学審議会答申では教育を受ける個人にとっての大学教育の意義についてはほとんど考慮を払っていないというべきであろう。関心のあることといえば、技術者などのような専門的職業人としての教育訓練である。しかし個人にとって、人格の完成をめざして教養やさまざまな知識・技術を身につけること、自分の進路や職業についての可能性を広げること、直面している問題を解決する、あるいはそのための手がかりを得ることなどは、広く社会のなかで大学・高等教育に期待されている重要な役割の一つである。

　大学は、社会における「学術の中心」（「学校教育法」第52条）であり、知識や資料、標本、図書の蓄積、また人的ネットワークの要として重要な役割を果たしてきている。大学・高等教育機関は数百年にわたり教育と研究の活動を続け、それによって他には存在しない独自の性格を形成し、役割を果たしてきた。これを目先の利益のために犠牲にする愚を犯すことは、後世にたいする犯罪であるとさえいうべきである。

　2）大学教育、科学・学問・文化の普及にきわめて消極的である
　1）の問題と表裏の関係にあるのが、大学教育や科学・学問・文化の普及に消極的であることである。現在の政策は少数のすぐれたものが技術者や専門家になればいいというものであり、多数のものに高いレベルの教育を保障することは考えられていない。この政策がエリート依存政策であるとともに、「経済的効率性」が強調される所以である。

　教育を受け文化を享受することはすべての人にとっての権利であると同時に、そのことによってこそ人としての可能性が広がり、社会の水準が向上し安定することになる。とくに、わが国のような高度に発達した工業社会では、そこで生活し働く人びとが高度な知識、技術を身につけていることが不可欠になっている。わが国にふさわしい知識、科学、文化を多くの人びとに積極的に教育することが重要なのである。

　同時に、政府は日本の歴史や文化を強調するわりには、実際の社会や教育のなかで伝統文化や技術などを大切にすることはきわめて冷淡であることを指摘する必要がある。たとえば、伝統工芸や伝統芸能などの教育研究体制はまだきわめて不十分であるし、それらをささえるべき社会や地域は政府の政策の結果

大きな変容をきたし、文化や技術の伝承を困難にしている。

　政府にとって伝統文化や歴史は「愛国心」の強調のためにあるのであって、文化的にはいまだに欧米のキャッチアップを基本政策としている。アジア、アフリカなど欧米圏以外の文化、少数民族の文化については関心が薄い。この結果、自国の文化、歴史にたいする無知か主観的な優越感に陥って他の民族、文化を対等の立場で理解することが弱くなり、国際化にとって大きな障害になっている。これでは日本人が多文化社会のなかでさまざまな民族、文化と力を合わせて生活し、互いに発展していくことを理解し、そのために力を合わせていくことは難しくなる。

　こうした政府の方針は、大学教育制度の問題にも表れている。すなわち、きわめて厳格な大学の学生定員管理政策がおこなわれ、学部学科等の新設再編にたいする規制は相変わらず強い。地域的にも大都市部での大学の新設は一貫して制限されている。また「教育投資論」の立場から「受益者負担主義」を貫き、高学費政策を続けている。そのうえ奨学金制度はまことに貧弱である。こうしたことは大学・高等教育機関の配置の地域的アンバランスと相まって、大学進学率を抑える結果となっている。また生涯学習がいわれるわりには、労働時間の短縮などそのための修学条件は社会的にはまったく未整備というべき状態である。

　3）大学行政が権力的であり、大学・高等教育機関の自治を認めない

　わが国の大学行政をみると、教育や研究はすべてを国がコントロールのもとにおくという意思が貫かれているといえる。国立大学の独立行政法人化も教職員のリストラを進め、国の財政支出を抑えながら、国の政策に沿った教育研究を進めさせることがねらいである。そのときのキーワードは「国際競争力」とともに「経済的効率性」、「競争的資金」である。すぐれたものは評価されるという一見もっともな論理によって、国の政策に沿った財政的誘導を進めようとしている。

　このコントロールは財政面ばかりでなく、人事面でも貫かれている。国立大学の独立行政法人化によって学長等の任免にこれまで以上に文部科学大臣が関与する道が開かれるが、その他にさまざまなレベルで「学外者」「有識者」の

参加がおこなわれる。すでに文部科学省役人を大学教授に天下りさせ、そのう
えで大学教授として審議会等の委員として政策決定に関与させることが増えて
いる。名目は大学教員が参与していることになる。審議会が事務局である所轄
官庁の意向で実質的に進められていることはすでに多くの指摘があるが、表向
きは大学教員がリードしているかたちであっても、こうした体制は実質は元役
人がバックアップしているのである。「地位勧告」にたいする日本政府の意見
書の主要な内容の一つは、このような審議会等も教職員の意思を代表する機関
として認めよというものであったことは留意されるべきであろう。もちろんそ
のような主張は、当然、国際的承認を得られなかった。

　高等教育政策の形成や行政の実際において、経済界の関与・財界人の参加を
広げ、大学・高等教育機関の運営に営利機関が携わることを認めようとする動
きが強い。これは日本の産業界自体の要求でもある。他方、大学行政にたいし
ては学会や組合など学術団体、専門団体、教職員団体の関与はほとんど認めな
いのである。近年はわずかにパブリック・コメントをおこなうようになったが、
これは1、2週間のうちに意見を提出させるものであり、まったく形式的な「意
見聴取」でしかない。そのうえマスコミ等によって、大学が社会的役割を果た
しておらず、機能不全をおこしている、教員は責任を果たしていないという
キャンペーンをおこなって、世論誘導をはかっているのである。

　問題は国レベルの参加だけではない。各大学でも教職員組合や学生自治会の
存在を積極的に評価しないし、なかには存在すら認めない、つくらせないとこ
ろもある。まして大学の運営に組合や学生自治会が対等に参与（参加、協議、
団体交渉）するようにはほとんどなっていない。

　このような姿勢は国際的にはICTと呼ばれている情報通信技術を、わが国で
はITと呼ぶことにも共通している。この省略されたCはコミュニケーションの
ことであるが、わが国では情報通信技術をもっぱら単なる工学的技術としてと
らえ、社会の成員の間あるいは世界の各国の国民の間での、コミュニケーショ
ンとしての側面、可能性から目をそらさせているのである。

　4）財政的サポートがとくに貧弱である
わが国の高等教育財政の貧弱さはもはや常識に属するといってよい。文部科学

省の調査によっても、GDP比0.43％であり、OECD平均1.06％の半分以下である。公財政が支出する学生一人あたり高等教育費は4116ドルであり、アメリカ、ドイツの半分以下、スイスのおよそ４分の１となっている（「教育指標の国際比較」2002年版）。

こうしたなかで、さらなる高等教育財政縮小のために、国立大学等の定数削減と独立行政法人化（国立大学法人化）を進め、高等教育予算全体のなかで競争的資金の比重を拡大しようとしている。これらの施策は、すぐれた教育や研究ならば予算が付くという可能性から、予算獲得のために競い合わせることがねらいであって、予算の枠自体が減少していくことから目をそらせる働きをすることになる。時代の変化にしたがって注目される研究だけが評価されることになり、時間がかかり地道に進めなければならない基礎的研究に予算が回らなくなることになろう。

この条件は専任教員一人あたり学生数にも現れている。日本では国公私あわせて18人強であるのに対して、イギリス、ドイツ、ロシア、中国など主要国では10人前後である。また日本では非常勤教員への依存率がとくに高い。こうした状況は、教員、とくに私大教員の指導負担の過重となっている。研究室、教室などの過密はすでに国際的にも有名であり、消防署からの警告や指導を受けている大学も少なくないほどである。

しかしながら日本政府はこうした政策を合理化するため、「経済的効率性」を主張し、「教育投資論」と「受益者負担主義」に固執している。そして、国連の社会権規約第13条２（C）に示される高等教育への「無償教育の漸進的な導入」という項目について、いまだに批准していない。この結果、文部科学省の調査によっても、ほとんどの学生がアルバイトなしには学業を続けられない状況におかれているのである。寮の整備もおこなわれず、遠距離通学者が増えている。こうして学生の学習時間の確保は、たいへん困難となっている。

ユネスコの呼びかけをわれわれはどう受け止めるべきか

わが国の大学政策には大きな問題があることはすでにさまざまに指摘されているが、ユネスコの政策、すなわち国際的認識の水準に立ってわが国の大学と

大学政策の点検を進める必要がある。とくに学問の自由と大学の自治、教職員・学生の基本的権利の保障について、また法外な授業料や貧弱な奨学金制度、厳格な学生定員管理政策など教育の機会均等の制限、高等教育財政の貧困など、わが国の大学の問題点を国際社会にも広くアピールしつつ、政府に要求していく必要があるだろう。

　日本の高等教育機関と教職員は高い力量を備えているので、大学の自治を保障することが大学の発展の前提である。科学的な検討と民主的な討議が保障されるならば、そしてそれに見合う財政的措置がとられるならば、多彩な発展が直ちに始まるであろう。現在の大学は文部科学省の政策への対応に追いたてられ、教職員のエネルギーと時間をいたずらに消費している。

　その際重視すべき点としては、これまで指摘したもののほかに次のような課題があるのではないだろうか。

① 自分の大学を中心にこれまでの実績を明らかにし、社会にたいして自信をもってアピールすること。情報公開をあらゆる問題に関して進め、大学にたいする国民の理解と支持を広げること。

② 大学教育の普及に関して日本の国民の進学要求の強さをあらためてとらえること、それとともに一人でも多くの市民に高等教育を受けさせることの意義をとらえ直すこと、大学が幅広い人びとを受け入れることができるよういっそうの努力を進めること。

③ 大学や大学人がこれまで以上に社会の問題、現実の問題へのとりくみを積極的に進めること、学問の成果を広く普及することにいっそう努力すること、社会における「学術の中心」としての役割を果たすための努力を進めること。

④ 科学倫理の問題を教職員・研究者の個人の問題に限定せず、大学や行政機関、営利企業など組織の問題もあわせて取り上げること、教職員や学生の学問への責任、科学者としての責務の自覚をあらゆる場において高めること。

⑤ 大学教育を受ける者の資質と大学教育のレベルアップを図ること、カリキュラムの開発やFD、授業評価などとともに、高校までの教育や社会への知識の普及を支援することが重要であることを自覚して意識的に取り組

むこと、入学者選抜の方法を日本の教育全体を向上させる視点でとらえ改善すること。

⑥　教職員、学生の身分を保障し、差別をなくすこと、教職員組合や学生自治会の結成を認め、学内の運営および政府の政策決定への参加を認めること。大学運営の民主化という点では設置者の認識を大きく変えることが必要である。それは科学的なデータや調査にもとづいた政策決定であり、何よりも当事者である大学人の意見を尊重する姿勢をもつことである。

⑦　国際貢献・国際協力についても積極的に進められるべきであるが、それは平和共存、「南北格差」の解消、多文化社会の推進、環境問題の解決等をめざすものであるべきであり、古いナショナリズムや侵略主義に立つものであってはならない。そして日本の文化的学術的到達と経済的到達を国際社会に生かすとともに、旧植民地や戦場にした国ぐにへの責務を果たす視点に立つことが重要である。

　何よりも、国際的に確認された諸文書の内容をわが国で実現していくこと自体が、国際連帯であり国際貢献であることを確認しておきたい。

このほか、大学の自治や国の財政支援などの問題もあるが、すでにふれたので繰り返さない。大切なことは日本のような国において、こうした運動を進めていく要となるものは教職員組合の存在である。すべての大学に組合を結成するとともに、その組合は全国的に統一した組織となる必要があるし、国公私の組合の共同が進められる必要がある。大学レベルでも国政レベルでも教職員組合が大学・高等教育政策に関して提言ができ、また影響力が行使できるように力を強めることが重要になっている。

最後に一言ふれておきたいのは、日本政府の国際的責務である。政府はユネスコの勧告、宣言のとりまとめや採択に参加し、最終的には賛成したのであるから、政府や文部科学省などの行政府だけでなく国会、裁判所をふくむ国の諸機関がこれらの文書に深く学び、誠実かつすみやかに全面的に実施することは国際的な誓約である。文部科学省がわが国に紹介しようとしない高等教育宣言の「優先行動の枠組み」や「科学アジェンダ」は、国がすぐにおこなうべき課題を具体的に明示している。わが国における誠実な実施のために、政府はとくに責任を負っているということを強く指摘しておきたい。

ユネスコ文書の解説

浜林　正夫

Ⅰ　「高等教育の教育職員の地位に関する勧告」

　ユネスコは1966年に「教員の地位に関する勧告」を採択しているが、これは初等中等学校の教員を対象とするものであった。高等教育の教職員の地位についても勧告をだすべきだという課題が提起されたのは1991年のことであり、その後、草案の作成、各国政府からの意見聴取、専門家会議など、多くの討議をへて、1997年11月11日、第29回総会において採択されたのが「高等教育の教育職員の地位に関する勧告」である。

　以下、日本の実情を念頭におきながら重要と思われる項目についてコメントしていきたい。

　前　文　まず前文では「すべての人びとに教育を保障する」のは「国家の責任」とされている。世界人権宣言第26条では「能力に応じて」という言葉がはいっているが、これはいわゆる能力主義のことではなく、「能力以外には一切の差別なく」の意味であって、国籍、性別、障害の有無などの差別なく、とくに財政負担で差別するべきではないという意味であるから、次の国際人権規約（A規約）第13条の高等教育の漸進的無償化の方針につながっている。日本はこの人権規約のうちのこの項目をまだ批准しておらず、学費を上げつづけている。その根底には受益者負担主義があるが、前文では高等教育の「恩恵をうけるもの」として政府や企業もあげられており、単に学生だけが受益者ではないことが示されている。

　前文はつづいて高等教育の社会的意義、教育職員の権利、参加、学問の自由

と自治の重要性を述べたあと、高等教育の形態や組織などが国によって多様であることを認めつつ、「共通の基準」の必要を説いている。日本政府は高等教育の形態や組織の多様性を強調して、この勧告の骨抜きをはかったといわれているが、それは日本の高等教育政策がこの勧告とは逆の方向を向いているからにほかならない。

定　義　高等教育機関は大学だけではなく、生涯教育、文化センターなど多様な機関をふくむとされている。日本では大学・短大・高専・専門学校の一部が高等教育機関とされているが、それよりはるかに広い。そして日本では自治（教授会の設置）を認められているのは大学・短大のみで、高専などには教授会はおかなくてもよいことになっている。これにたいして勧告はこのように多種多様な機関に自治と自由を認めよといっているのである。

教育職員についても、教員だけではなく広く研究・教育にたずさわるすべての人とされ、いわゆる研究支援職員や学芸員などもふくめて考えられている。

指導原則　ここでは（3）の「国際平和と国際理解、国際協力ならびに持続可能な開発」が真っ先にあげられ、「平和をめざす教育」がとくに強調されていることに注目したい。大学審議会『21世紀の大学像と今後の改革方策について』（1998年）が国際競争のなかで生きぬくことばかり強調し、「平和をめざす教育」にはまったくふれていないのとは対照的である。それ以外にも（10）（a）では「人間の発達と社会の進歩」、（22）（q）では「平和と人権、持続可能な開発および環境」が高等教育および研究の明確な目標としてかかげられている。（6）では高等教育の公共性と社会的責任が説かれている。（8）では「高等教育の教育職員を代表する団体」の役割が示されている。日本政府はこれは教職員組合のことではないと強弁しているけれども、これは明らかに教職員組合をさしており、その役割はここでは政策決定への参加であるが、そのほかに（22）（k）では団体交渉による倫理綱領作成への参加、（24）では責任体制の構築、（26）では結社の自由と権利侵害反対にたいする支援、（52）〜（56）では雇用条件の交渉と、交渉が決裂したときには「別の手段をとる権利」、（60）（61）では給与や実績評価についての協議があげられている。日本では公務員法によって国公立大の教職員組合の権利が制限され、私学でも組合つぶしや団交拒否などがしばしば見られるが、勧告に示された教職員組合の役割や権利が国際

的な「共通の基準」なのである。

　教育目的および教育政策　ここでは図書館などの自由な利用、知的財産の保護、国際交流の重要性が述べられているが、とくに（15）で発展途上国からの頭脳流出の問題が取り上げられている。なおこれとの関連で（22）（n）で「一国が他国によって科学的、技術的に搾取されるのを防ぐ」という問題が指摘されていることにも注意しておきたい。

　教育機関の権利と義務および責任　ここは（A）「教育機関の自治」と、（B）「教育機関の公共責任」の二つに分かれている。（17）は自治の定義であって、それは一言でいえば「学問の自由と人権の尊重」のための「自己管理」である。それが（18）の「自治とは学問の自由が機関という形態をとったもの」の意味である。（なお（17）の末尾「しかしながら」以下の但し書きは日本代表の要求により追加されたものらしい）。つまり自治は自己目的ではないのであって、（20）でいうように自治を権利制限の口実としてはならないのである。したがって「教育機関の公共責任」の方も、教育研究の社会的責任のみでなく、学生や女性、少数民族への差別の禁止、授業妨害の禁止などをふくんでいる。さらに（22）(l) は「人権および平和に逆行する目的のために知識と科学・技術の活用を防ぐ」ことも公共責任の一部としているから、軍事研究は認められず、また（22）(q) では機密研究を禁止しているわけではないが、平和、人権、環境保全という一般目的に反してはならないとしている。このあたりは、いくつかの大学や研究所で取り組まれた「平和宣言」の精神に合致するものといえよう。（23）は公開の原則であり、（24）は責任体制の構築であるが、わが国でいえば個別的には教授会がこれにあたるものと思われる。それは（32）の団体組織性の原則として示されている。「国家権限による責任機構」にあたるのは文部科学省であろうが、現状では文部科学省が高等教育機関の自治と自由を保障する機構になっているとはいえないであろう。

　高等教育の教育職員の権利と自由　ここでは（A）「個人の権利と自由」と（B）「自治および団体組織性」に分かれている。（A）では（26）で「社会の変革に貢献する権利」をふくめて思想、信教、表現、集会および結社の自由が認められるべきであるとし、さらにこれらの権利の侵害にたいしては国際的組織に訴える権利をもつとされている。一般的な人権侵害にたいしても国際人権規

約B規約の選択議定書では自国の裁判所を飛びこして国連人権委員会へ提訴することが認められているのだが、日本政府はこの議定書も批准していない。ここでも「共通の基準」に達していない日本の後進性がある。(27)は研究の自由、(28)は教育の自由である。(B)の(31)(32)では、すべての教育職員が管理に参加する権利をもち、その関連業務には「予算の配分」もふくまれるとしている。日本の大学自治の最大の弱点は財政自主権の欠如であり、私学でも財政は学校法人の管轄で教授会が口をだすことを許さないところが多いが、予算配分もまた高等教育機関の自治の一部なのである。

　高等教育の教育職員の義務と責任　ここでは教育研究の義務と責任、とくに研究の倫理の遵守が強調されている。また(34)(b)で「教授法の開発」、いわゆるファカルティ・ディベロップメントの必要が述べられていることに注目しておきたい。

　教育職への準備　ここではとくに女性と少数民族への差別の禁止が強調されている。

　雇用の条件　ここが勧告の最大のポイントであり、項目数にして半分近くを占める。(A)「学術職への入職」では差別の禁止が重要であり、(B)「雇用の保障」では終身在職権（ここに「適用可能な場合」と限定条件を追加したのも日本代表の要求によるらしい）と解雇の条件を厳しく限定していることが注目される（(D)「懲戒および解雇」も参照）。(C)「評価」では「学術的能力の基準にのみもとづくこと」としていることと異議申し立て権を認めていることが重要である。(E)「雇用条件の交渉」では、すでに述べたように、教職員組合の団体交渉が基本である。(F)「給与、労働負担、社会保障給付、健康と安全」では、一つ一つの項目を見ていただきたいが、注目したいのは(60)の試用期間ないし臨時雇用のものについても同じ水準の常勤より低い給与表で支払ってはならないとしていることである。(J)「非常勤の高等教育教育職員」でも同様のことがいわれていて、日本の非常勤講師の労働条件が「共通の基準」にくらべていかに劣悪かを考えさせられる。(G)「研究休暇と年次休暇」も日本ではきわめて不十分だし、(H)女性、(I)障害者の雇用もきわめて不十分である。

　活用と実施　この勧告が実施されるよう政府の努力が求められている。日本政府がどういう努力をし、どういう報告を提出するのか、注目しつづけたい。

Ⅱ 「21世紀に向けての高等教育世界宣言——展望と行動」および「高等教育の変革と発展のための優先行動の枠組み」

(1)「21世紀に向けての高等教育世界宣言」の全体は大きくは前文とそれをうけて高等教育の改革の方向性を示した17項目と、優先行動の三つの枠組み（国レベル、高等教育機関レベル、国際的レベル）とに分かれる。

　前文ではまず高等教育が直面している課題として進学者のいちじるしい増加、格差の拡大、社会発展における役割の重要性、価値観の深刻な危機などがあげられている。つぎに国連憲章をはじめ、この宣言が依拠すべき条約やこれまでの若干のとりくみについて述べたのち、高等教育改革の基本的な方向が六つのパラグラフに分けて述べられている。そのなかではとくに、教育は「人権と民主主義、持続可能な開発および平和の基本的な柱」であると宣言していることに注目したい。これはわれわれの教育基本法の原則につらなるものといってよいであろう。また、21世紀へ向けての諸問題の解決には高等教育の役割が決定的であるとし、また学生が21世紀のグローバルな知識社会に組み入れられるよう、学生を高等教育の中心におくよう、求められていることも重要である。

　これにつづく17項目は、「高等教育の使命と役割」「高等教育の新たな展望の形成」「展望から行動へ」という三つの大項目に分けられている。まず「高等教育の使命と役割」では社会発展への貢献こそが基本使命であるとしたうえで、そのための学習機会および専門的知識の提供という教育面と研究面における貢献をあげている。そのさい、教育の目標を市民的権利と社会への能動的参加、内発的な能力形成、人権・持続可能な開発・民主主義と平和の強化においている。それはようするに、民主的な市民の形成ということであって、こういう教育目標の設定にこそ、わが国の大学審議会答申「21世紀の大学像と今後の改革方策について——競争的環境の中で個性が輝く大学」との決定的な違いがある。なお、第1条の（d）では国際連帯、（f）では教員養成の重要性が説かれている。第2条は、こういう使命を果たすための高等教育職員の責任について述べており、これはさきに述べた「地位に関する勧告」にふくまれている部分であるが、ここでも、社会にたいして「批判的かつ先見的な役割」を果たすことも高等教

育の責任とみなされている。

　２番目の大項目「高等教育の新たな展望の形成」は、具体的な改革目標を示したもので八つの項目からなる。それぞれの詳細については本訳書の本文を見ていただきたいが、いくつかの重要と思われる点をあげておくと、まず就学機会の平等ということがある。わが国では高学費のため進学を断念する青年がふえているが、そういう経済的な理由による差別をはじめいっさいの差別は許されてはならないのである。とくに女性について第４条であらためて取り上げていることも注目される。なお第３条の（b）のなかで、中等教育について、高等教育への進学の準備教育だけでなく「職業に関する広範な教育をほどこすことによって、積極的な人生への道を開くもの」と位置づけていることも、過熱したわが国の受験教育への反省をせまるものといえよう。

　第５条は知識の推進とその成果の普及である。ここでは「革新的、学際的および分野横断的研究」の推進が強調されるとともに、「基礎研究と目標指向研究との間で適切な均衡」が設定されなければならないとされている。（b）は研究者養成と知的所有権保護、研究成果乱用のいましめ、（c）は研究条件の充実の必要を説いている。

　第６条「適切性にもとづく長期的な方向付け」というのは、ややわかりにくい表現であるが、われわれになじみのある表現でいえば、社会的要請にどう応えるかということである。ただし、わが国で社会的要請というと、すぐ財界の要求ということにすりかえられるのだが、ここでは社会からの期待は、「貧困や不寛容、暴力、非識字、飢餓、環境汚染および疾病の根絶」なのであり、さらには「暴力と搾取のない新しい社会の創造」なのである。ここにもわが国の大学審答申との大きな差がある。

　大学審答申であれば財界や産業界といいたいところを、第７条では「労働の世界」といっている。もちろん、そのなかには実業界もふくまれ、また実務的な職業教育の必要もとかれ、企業家となるための技能と指導力も開発すべきだとされているけれども、その基本はやはり民主主義社会における社会的責任の意識なのである。

　第８条は高等教育への進学機会の拡大と多様化、第９条は新しい教育方法の探求の必要、第10条は教育と学生の役割、第10条の（a）では「高等教育の教

員は、今日ではもっぱら知識の泉であるよりも、学生に、いかに学び、いかに能動性を発揮するかを教えることに重点をおく必要がある」と、教育機能の重視が主張されている。学生については、とくに（c）で、学生は高等教育革新の「主たる共同者および責任ある当事者」と位置づけられ、学生組織の権利を保障すべきとしている。ここにも学生をまったく無視した大学審の大学改革論とのいちじるしい差があるといわなければならない。

（2）　3番目の大項目「展望から行動へ」は2番目の改革目標をうけて、それを達成するための行動の提起である。これもまた詳細は本文を見ていただくほかないが、まず第11条は高等教育機関の質の評価である。その（a）では内部の自己評価とともに、外部審査が不可欠であるとし、また「独立した国レベルの機関」の設置が主張されている。わが国でも大学評価をめぐっては活発な議論がつづいており、とくに大学評価のための第三者機関を設けるという提案も近く実施されようとしているが、この動きをユネスコの提起と同じものとみるかどうかは、ひとつの論点となるだろう。

　第12条は新しい情報通信技術の発展を教育にどのように生かすかという問題である。これについてはわが国でももっと積極的に検討すべきであろう。第13条は高等教育の管理についてであって、その基本は自治と説明責任である。ただ自治のシステムは日本のように教授会自治を基本とするものではなく、管理機関は教員や学生との対話につとめ、また管理機関への教授陣の参加を求めるべきであるとされている。わが国でも教授会自治はくずされつつあるが、それに代わる自治的民主的な管理システムは模索さえされていない。それぞれの国の事情はあろうが、高等教育機関の管理のあり方は国際的にも大きな問題となっているようである。

　第14条は高等教育の財政の充実で、公的および民間の財源が必要だが、「国家の役割は不可欠」とされている。またこの点での社会全体の支援が必要としているけれども、日本のような受益者負担という考え方はまったくない。

　第15条、第16条は国際協力の問題であって、交流と連帯、国際間の移動の促進などがいわれているが、それらは第15条の（b）でいわれているように、「とくに最後発諸国に利益を与えるものでなければならない」とされる。そしてこ

の問題でとくに重要なのは第16条の「頭脳流出から頭脳流入へ」であって、そのための諸方策が提案されている。

　最後に第17条では、以上述べてきた課題や具体的とりくみに向けて、協力の必要をとき、会議の参加者の決意を確認している。

（3）「高等教育の変革と発展のための優先行動の枠組み」は「宣言」とは別個の文書になっているけれども、「宣言」が提起した「行動」を、だれが、どのようにすすめていくかを示したものである。これは、すでに述べたように、国レベル高等教育機関レベル、国際的レベルの三つにわけられている。国レベルの優先的行動は四つにわけられ、（1）では差別の禁止、研究と教育の結合、財政的保障、学生の参加、学問の自由と機関の自治などがあげられている。（2）では、とくに開発途上国にたいして進学の拡大を要求しており、（3）では中等教育との接続や生涯学習との関係、（4）では先進国と途上国との格差の縮小が求められている。

　高等教育機関レベルでは優先的行動について9項目あげられているが、まず、高等教育機関がその使命を自覚し、さきにあげた課題の達成につとめること、自治と自由を守りながら「労働の世界」との提携をつよめること、学生にたいする指導と援助、社会人への開放、地域社会との共同などがあげられている。

　国際的レベルでは基本は先進国と途上国との格差の縮小、「頭脳流出」から「頭脳流入」におかれているが、高等教育での研究、学位、資格の認定に関する地域条約^(注)の適用に責任を有する六つの政府間委員会の合同作業計画への支援がつよく求められている。そして最後に、とくにユネスコが取り組むべき具体的な計画がいくつかあげられている。

（4）以上がここに訳出した「世界高等教育宣言」と「優先行動」の枠組みの要旨であるが、最後にユネスコのとりくみにたいして、日本政府がきわめて冷淡であることをつけ加えておきたい。98年10月のパリ会議には佐藤禎一文部事務次官（当時）を団長とする10名の代表団が参加し、この「宣言」と「優先行動の枠組み」の採択に加わったのであるが、この二つの文書の正式日本語訳さえおこなわず、関係方面へこれを配布し、紹介するという努力をまったくおこ

なっていない。おそらく、それは、この解説のなかでも指摘したように、ユネスコのめざす高等教育の改革の方向と、日本政府のめざす大学改革の方向が根本的に食いちがっているためであろう。しかしわれわれはユネスコのめざす方向こそが21世紀にふさわしいものであることを確信し、日本政府の方針と対比しつつ、この二つの文書が広く討議されることを期待して、ここに全文を翻訳して公表する次第である。

（注）高等教育での研究、学位、資格の認定に関する地域条約が、ラテンアメリカ・カリブ海地域（1974年）、地中海岸のアラブ・ヨーロッパ諸国（1976年）、アラブ諸国（1976年）、ヨーロッパ地域諸国（1979年）、アフリカ諸国（1981年）、アジア太平洋地域（1983年）のそれぞれで締結されており、その実施のための「政府間委員会」が設置されている。

III 「科学と科学的知識の利用に関する宣言」および 「科学アジェンダ——行動のための枠組み」

「科学と科学的知識の利用に関する宣言」と「科学アジェンダ——行動のための枠組み」は「前文」に述べられているように、1999年6月26日から7月1日にかけて、ユネスコと国際科学会議（イクシュ ICSU）とが後援してブダペストで開催された世界科学会議で採択された文書である。これは高等教育のみにかかわるものではなく、もっと広く科学研究のあり方と科学者の責任について指針を示したものであるが、教育、とくに高等教育は、科学研究と表裏一体の関係にあり、この宣言に示されたような科学研究のあり方をふまえた高等教育のあり方が求められるべきである。そしてそのような高等教育のあり方を支えるものとして高等教育の教育職員の地位が確立されるべきであると思われる。そういう意味では「科学宣言」「高等教育宣言」「地位勧告」は、いわば三位一体のものといってよいであろう。

(1) 「科学宣言」と「科学アジェンダ」
「科学宣言」はまず「前文」の（1）から（5）において科学研究の重要性と

それが今日直面している諸課題を提起している。その第1は科学の発展が人類に大きな恩恵をもたらしたことの確認、第2は科学の発展の負の側面（環境破壊、技術上の災害、大量破壊兵器など）の除去に努めるべきこと、第3は科学的知識の生産と活用のための学際的努力の重要性、そして第4は科学の恩恵の配分の不公平の是正である。

この4点が「科学宣言」のいわば基本的視点であるが、これを受けて考慮すべき事柄が（7）から（28）まで列挙されている。そのうえで大きく、知識のための科学・進歩のための知識、平和のための科学、発展のための科学、社会における科学と社会のための科学という四つの項目について基本的な考え方が述べられ、これを「科学アジェンダ」では、後述の3項目に整理され具体的にこれに取り組むための行動が提起されている。したがって「科学宣言」と「科学アジェンダ」とは内容的にも重複し、むしろ一体としてとらえるべきものと考えられるので、ここでは四つの項目ごとに「科学宣言」と「科学アジェンダ」とを一括してみていくこととしたい。

（2）知識のための科学・進歩のための知識

科学研究の固有の役割が真理の追究にあることはいうまでもない。「科学宣言」の（29）はそのために基礎研究と問題志向研究を奨励すべきであるとし、これを受けて「科学アジェンダ」の（1.1）「基礎研究の役割」では、とくに発展途上国にたいする支援の必要が強調されて、（1.2）では官民協力の必要が述べられている。

（1.3）では科学情報を広く利用しうるような体制の整備が求められているが、これは最近問題となっているIT格差への対応を求めるものであろう。

なお、これらに関連して知的所有権の保護や科学者の意見表明の自由、女性や不利益を被っている集団への特別の配慮などが主張されていることも重要である。さらに、最も根底的には科学研究の目的である知識の獲得が「進歩のための知識」の獲得でなければならないという点に注目しておきたい。

「進歩とはなにか」ということについてここではとくに詳しい説明はなく、「科学宣言」（29）では「教育、文化、知性の内容を豊かにし、技術の進歩と経済的利益をもたらすもの」とされ、「科学アジェンダ」（6）では「人類全体の

利益に役立て、今日および将来の世代の生活の質的向上をつくり出す」と述べられているにとどまるが、いたるところで「人類の福祉」や「科学の平和利用」などが説かれており、とくに「科学宣言」(39)と「科学アジェンダ」(66)で進歩の内容がまとめて述べられている。

(3) 平和と発展のための科学

「科学宣言」では「平和のための科学」と「発展のための科学」とは別の項目となっており、「平和のための科学」では(31)で批判的で自由な思考にもとづく国際協力が平和の文化の基礎であり、それが核軍縮をふくむ軍縮を促進するであろうとされ、(32)で紛争の原因についての学際的研究の必要が説かれている。

「発展のための科学」では主として発展途上国にたいする研究と教育両面での援助の必要が強調されている。

「科学アジェンダ」では「平和と発展のための科学」として一括され、その項目のもとに(2.1)から(2.6)の小項目に分けて論じられている。この部分が「科学アジェンダ」のなかでは最も詳しく、分量的にも全体の半分以上を占めている。

まず(2.1)「人間の基本的な必要のための科学」では、「発展のための科学」の最優先の課題として、それぞれの地域の住民の基本的な必要を満たすことがあげられ、また科学・技術の教育も不可欠とされている。そしてそのための先進国からの援助の必要がかなり具体的に述べられている。このことは先進国側についていえば、科学・技術の面における援助の不十分さとともに、その援助のあり方についても反省を促す狙いがこめられているように思われる。

次に(2.2)「科学と環境、および持続可能な開発」は、先に述べた科学の発展の負の側面をいかにして防止していくかという問題を論じている。それは科学の発展がもたらす環境破壊のみに注目して科学の発展を抑止しようという反科学主義の立場ではなく、逆に環境破壊を止めつつ発展を持続するためには科学研究をどのように進めていくかという前進的な立場から問題を提起している。詳細は訳文をみていただきたいが、これらの論点の基本となっているのは世界的な環境計画の立案と強化であり、またそのための学際的協力、とりわけ自然

科学と社会科学との協力の必要である。

（2.3）では「科学と技術」がテーマとなっているが、科学と技術との関係を論じているわけではなく、むしろ技術教育、技術協力、技術移転の重要性が強調されている。なお（36）で産学共同（university-industry partnership）の促進が主張されているが、ここでとくに中・小・零細企業との共同をふくめていることに注目しておきたい。

（2.4）では「科学教育」に関する提言がなされている。ここではカリキュラムの改善や国際協力の必要が説かれているほかに、ジェンダーの偏見や不利益を被っている集団への差別を除去することに留意せよといっていることが重要である。また（44）では教育・研究に関する意志決定への学生参加が求められており、さらに（42）などでは学校教育以外での科学教育にもふれ、科学博物館、科学センター、放送教育の整備が説かれている。

「科学宣言」では別項目となっていた「平和のための科学」が「科学アジェンダ」では（2.5）「平和と紛争解決のための科学」として取り上げられている。まず（50）で科学の知識や技術を「平和と安全を脅かす活動に応用しないという特別な責任についての自覚」を教育の場において与えるべきであるとして、科学教育が平和教育をふまえたものでなければならないことが強調され、続いて紛争防止のための具体的提案がなされている。

最後に（2.6）「科学と政策」で、以上のさまざまな主張を実現していくために、科学を政策に生かしていく必要が説かれている。そのために科学研究および教育の基盤の整備、情報の提供、科学者・教育者・技術者の地位の改善などがあげられているが、とくに注目されるのは（62）と（63）であって、そこでは科学者の側から政府へ助言をする責任があること、そして政府の側はこれをうけいれる機構を設けるべきことが主張されている。

（4）社会における科学と社会のための科学

「科学宣言」の第4項目、「科学アジェンダ」の第3項目として、科学と社会との関係が論じられている。まず、「科学宣言」の（39）と「科学アジェンダ」の（66）は、将来の世代にたいする責任を自覚しつつ同じような文章で科学研究およびその利用の目的を、人類の福祉、人間の尊厳と諸権利と地球的環境の

尊重においている。ここにユネスコの基本精神があるというべきであろう。

　「科学アジェンダ」ではこの項目はさらに三つに分けられ、（3.1）では「社会の要請と人間の尊厳」というテーマが掲げられている。そこで主張されていることは、社会的問題の解決のための国際的協力の必要と社会的要求に応える研究と教育を、ということであるが、とくに社会科学研究を奨励せよといっていることに注目したい。

　わが国では科学というと自然科学のみを指す風潮があり、政府の科学政策もそういう考え方に立っているが、「科学アジェンダ」（10）では科学教育には社会科学の学習をふくむべきであるとされ、（31）では社会科学と自然科学との協力の必要が説かれていて、ユネスコのいう科学がけっして自然科学のみではないことが示されている。

　（3.2）は「倫理的諸問題」で、これは「科学宣言」では（40）（41）で取り上げられている。わが国でも最近、医学や工学などの分野で倫理規定などを作成しようという動きが強まっているが、「科学アジェンダ」（71）に述べられているようにユネスコもイクシュもすでに倫理委員会をもっており、その責任があらためて強調されるとともに、各国政府にたいしても同様の機関の設置が求められている。

　「科学アジェンダ」の（78）から（82）は倫理的諸問題ではなく、女性および不利な立場にある人びとへの差別の撤去と地位改善の主張であり、（83）以下は伝統的な知識や技術の保存と、これらと科学者との協力の推進を訴えたものであるが、「科学宣言」では（38）で伝統的知識の保護の必要が述べられている。

　最後に「追跡（follow up）」として、この「科学アジェンダ」を実施にうつしていくために必要な具体的な提案が補われているが、そのなかではとくに、ユネスコが「追跡の定期的検討」を実施し、2001年までに各国政府と国際パートナーへの分析報告を取りまとめるとしていることに注目したい。わが国の政府はどのくらいの熱意をもって「科学アジェンダ」の実施に取り組むのか、そして2001年のユネスコの報告にそれがどのように反映されるのか、私たちも監視を強める必要があるであろう。

【ユネスコ文書】

高等教育の変革と発展のための政策文書

Policy Paper for Change and Development in Higher Education

提出1995年

まえがき

　ユネスコは約50年前の創立以来、高等教育と研究の発展を促進することにたえず献身してきた。この世紀の終わりに近づき、新しい千年期にはいる準備にあたり、われわれは高等教育の未曾有の発展と、経済的社会的発展にたいする高等教育の重要な役割の自覚の増大を目の当たりにしている。しかし、高等教育は世界のほとんどすべての国において危機的状態にある。入学者は増加しているが、公的支持の能力は減退している。高等教育と研究とに関する発展途上国と先進国との格差は、現在でも大きいけれどもさらに広がりつつある。

　高等教育の直面している現在の傾向と新しい課題は、高等教育の役割と使命を再考し、新しい接近方法を確認し、将来の発展のために新しい優先順位をもうける必要をふくんでいる。これが第3中期計画（1990‐1995年）の間に地域レベル国際レベルでユネスコが提唱した高等教育についての討論の主目的であった。同じ信念にもとづいてユネスコ加盟国は1993年の第27回総会において、「高等教育の全分野をカバーするユネスコの包括的政策をつくりあげる」ことを私に要請する決議を採択した。

　この政策文書はその決定にたいする答えである。それはユネスコが高等教育の主要な傾向とみなすもののまとめを与え、またこの分野における主要な政策問題に関するユネスコの見通しを示そうと企てている。それは加盟国や学術団体によってわれわれが注目させられた多くの適切な課題を提起している。このことを考慮しつつ、それは高等教育の変化と発展の過程の基礎となり、かつそれが実行しうる基本的な根拠を示している。しかしこの文書はけっしてモデルを押しつけたり、厳格な処方箋を与える意図をもつものではない。せいぜい、それは加盟国や高等教育担当者が彼ら自身の政策を策定するにあたり、地域レベル、国レベル、国際レベルの固有の多様性や特殊な必要や条件を考慮しつつ用いる「知的指針」として役立つことができるであろう。この文書はまたユネスコ自身がその高等教育計画の主要な方向を描いていくうえで役に立つよう意図されている。

　この文書は、世紀の変わりめに高等教育をふくむ教育のすべての面で進行中の論議にたいするユネスコの貢献の重要な部分とみなされるべきである。それはまた、

高等学習と教育を促進する提唱と活動の出発点として、さらに全世界的な高等教育への支持の復活へ向けての重要なステップとして、みなされるべきである。

　21世紀の入り口において、高等教育の直面している複雑な課題は多くの関係者の参加と多様な観点およびアプローチを必要としている。したがってこの文書は、他の国際的地域的組織および団体がこの分野でおこなってきた仕事を補完するものとみなされるべきである。しかし、現代社会が直面している多くの他の問題と同様に、高等教育に関する問題も協力と統合した行動を必要としている。したがって私はこの機会に、われわれの共通の目標——持続可能な人間的発展に到達するための手段としての高等教育のいっそうの発展——のために、すべての関係者のいっそうの協力を訴える。

　最後に、私は、加盟国および国際政府・非政府組織ならびにユネスコの多くの他の協力者がこの政策文書の草稿に鋭いコメントを加えてくれたことにたいし、心から謝意を表したい。

ユネスコ事務局長　フェデリコ・マヨール

要　旨

1　この政策文書において提起されている体系・制度双方のレベルの高等教育の変革と発展の分析と論拠は、ユネスコが過去数年間かかわってきた高等教育の直面する**役割**、主要な**傾向と変化**についての全世界的な反省作業から生まれたものである。それはまた、現在および将来の政治的、社会的、経済的、文化的発展という面からみて、ユネスコの権限内でその役割の強化という目的に向かういっそう広いプロセスの一部である。

2　高等教育の活動と機能の性格およびその多様な制度的枠組みは、この文書が広範な人びと——学術共同体の個々のメンバーからすべての投資者や決定者まで、ユネスコ自身をふくむ国際組織まで——に向けられたものであることを意味する。しかし主としては、国際的な学術協力に影響をもつ人びととともに、全国レベルおよび制度的レベルで高等教育政策の策定と実行に責任をもつ主要な関係者に向けられる。

高等教育の傾向

3　高等教育の最近の発展は多様であり、しばしば地域、国、地方の状況に特有のものである。しかし、これらの差異をこえて全世界の高等教育体系や制度に共通する三つの主要な傾向があらわれている。それは**量的拡大**——ただし国別地域別に高等教育へのアクセスの不平等はつづいている——、次に制度的構造や学習内容および形態の**多様化**、そして**財政的な制約**である。高等教育と研究の条件に関する発展途上国と先進国との格差の拡大は特別の関心事である。

変化する世界における高等教育への挑戦

4　人間の活動の多くの領域における進歩にもかかわらず、今日の世界の課題はきわめて大きい。世界の主要な傾向を概観すれば一連の同時並行的な、ときには矛盾したプロセスがみられる。**民主化、グローバリゼーション、地域化、両極化、周辺化、分断化**。これらはすべて高等教育の発展にかかわりがあり、高等教育の側からの適切な対応を要求している。同じように重要なのは経済的技術的発展の変化する要求と発展戦略の修正であり、それは——ユネスコもまた主張しているように——経済成長が社会発展に奉仕し環境の持続性を保障するような**持続可能な人間的発展**を追求すべきである。

高等教育の対応——新しいヴィジョン

5 変化する世界への高等教育の対応はその地方的、全国的、国際的位置と機能を決定する三つの言葉に導かれるべきである。**適切性、質、国際化。**ユネスコが変化と発展のプロセスを容易にするためになしうる役割と貢献も、これらの目的との関連で定式化される。

6 高等教育の適切性は、広い意味での仕事の世界とのつながり、国家および公的資金との関係、他のレベルと形態の教育の相互作用とのかかわりと同じように、主としては社会におけるその役割と位置、教育や研究、そこから結果するサービスに関する機能との関係で考察される。

7 適切性の必要は、現代の経済が学部卒業生にたいして、その知識のたえざる更新、新技術の習得、求職に成功するだけでなくたえず変化する労働市場で職業を創造する能力をも要求しているために、新しい重要性といっそうの緊急性をもつようになっている。高等教育は、とくに生涯学習と訓練への社会の必要を考慮しつつ、その使命を考え直し、その機能の多くをあらためて規定しなければならない。

8 高等教育が成功的に機能し運営されるための前提条件の一つは、国家および社会全体との良好な関係のうちにある。これらの関係は**学問の自由と機関の自治**という原則に基礎をおくべきである。これらの原則は、高等教育のすべての機関が自由な研究の共同体として存続し、社会における創造的反省的批判的機能を果たしうるために本質的なものである。国家は抑制的規制的役割を果たしうるし、果たすべきであるけれども、高等教育における機関の自治が優越すべきである。同時に、社会的経済的環境は高等教育機関が国家や社会のその他の部門とのつながりや結びつきをつくりあげ、社会全体にたいして責任をもつことを認めるよう、強く求めている。

9 **公的資金が限られていること**が高等教育の変化と発展のプロセスの主要な制約となっている。それはまた、高等教育の現代の危機および国家と学術共同体とのあいだの関係の緊張の一つの原因である。高等教育機関はその運営を改善し、利用しうる人的物的資源をいっそう効率的に利用し、社会にたいするその責任をうけいれる必要がある。

10 高等教育への公的支持はやはり不可欠であるが、しかし高等教育機関はそれ以外の資金源を熱心にさがす必要がある。さらに、すべての出資者、学生、親、公的私的部門、地方や全国的な団体や当局もこのくわだてに参加すべきである。しかし、各国のおかれている特殊事情から考えると、公的以外の資金が高等教育を

現在の危機から救い出し、とくに発展途上国において多くの機関に現在影響しつつある状態悪化を止めることができると期待するのは誤りであろう。

11　**授業料**の導入は高等教育においては微妙な問題である。なぜならそれは社会的正義や流動性、教育の公平さ、国家の教育政策、社会政策、財政政策全般にかかわるからである。またそれは学術の能力別編成との関連においてもみられなければならず、能力別編成自体も教育体系のもっと初期のレベルに現在ある授業料によって影響をうけている。高等教育財政にはそれ以外の形態を導入する可能性についても注意をはらうべきである。

12　財政問題について国家が高等教育と無関係になるという政策は、経費回収や別の資金調達の圧力が過度になったり、自己依存の必要を狭く解釈するという結果を生む危険がある。もし高等教育が社会の発展に重要な貢献をするとするなら、国家と社会全体はそれを公財政への負担と考えるよりも、むしろ経済の競争力や文化の発展や社会の一体性を高める**長期的な国家的投資**と考えるべきである。これはまた、高等教育の費用分担という問題が提起されるべき枠組みでもある。

13　高等教育における教育と学習の刷新はその関連性と質を高めるうえで本質的なことである。それは学生の知的能力を発展させるプログラムの導入、**学際的多分野的学習内容**の改善、とくに情報とコミュニケーション技術の急速な進歩を念頭におくとき高等学習経験の有効性を増大させるような伝達方法の使用を求めている。

14　**研究**は高等教育の主要な機能の一つであるばかりでなく、社会的関連性や学術の質の前提条件でもある。研究と結びついた活動の教育的利点はしばしば過小評価されている。学術研究の資金を設定する決定がなされるとき、とくに共同の関心事である領域や、科学、技術、文化の共同研究の数が急速に増加しているような発展段階に近づいているときには、この利点が考慮されるべきである。高等教育はこれらのつながりをすすめるうえで不可欠のパートナーとみるべきである。

15　**質**が高等教育の主要な関心事となった。なぜなら社会の必要や高等教育への期待に応えることは、高等教育の基礎施設や学術的環境によるとともに究極的にはそのスタッフ、プログラム、学生の質によるからである。「質」の探求には多くの側面があり、高等教育の質の向上策の主要な目的は体系全体の自己改善であるとともに制度の自己改善であるべきである。

16　**評価**と**質の向上**は、教育と研究のスタッフが高等教育機関の活動で中心的役割を占めているのだから、これらのスタッフからはじまり、積極的にかかわるべきである。人的資源開発政策は、とくに新規採用と昇進に関しては、明確な原則と

明確に定められた目標に基礎をおくべきである。それは学術スタッフの初期およ
び現職研修の必要と、高等教育における管理運営機能のためのスタッフの選択と
訓練に向けていっそう厳格な機構の必要とを強調すべきである。

17　**学生の質**は大問題である。とくに大量入学、学習内容の多様化、高等教育資金
の現在のレベルを考えるとそうである。こういう状態のもとで政府と高等教育機
関はさまざまな解決策を用いつつある。高等教育における学生の質は主として中
等教育を終了するものの素質と動機づけによっているということについて、おお
むね意見の一致がある――したがって、学生のあいだに、とくに公的支援の恩恵
をうけている学生のあいだに、社会への責任感を育成する必要があるとともに、
高等教育と中等教育との交流や学生のカウンセリングやオリエンテーションのよ
うな問題を再検討する必要がある。

18　高等教育の**物理的学術的基礎施設の質**は、機関の文化にとってのみでなく、教
育、研究、サービス機能にとっても重要である。それはきわめて多様化し、しば
しば地理的にも分散している高等教育機関を結びつけておくために不可欠である。
基礎施設への投資――キャンパスへの道路、研究所、図書館から情報ハイウェー
まで――は、経済と結びついた基礎施設の現代化へ向けた全般的な努力の重要な
構成部分を形成する公共事業とみるべきである。

19　質の評価は高等教育の質を高めるための解決策の探求に不可欠である。重要な
ことは質の評価が財政問題だけを念頭においてすすめられてはならないというこ
と、また、高等教育機関の全般的機能のうちで質の指標というかたちをとった量
的測定にすぐ傾きやすい側面に主として関連づけられてはならないということで
ある。**学問の自由と機関の自治**という原則を守ることには十分な注意がはらわれ
るべきである。しかしながらこの原則を用いて必要な変化に反対してはならない
し、狭く解釈された集団主義的態度や特権の乱用の隠れ蓑としてはならない。そ
れは結局は高等教育の機能に否定的な結果をもたらすであろう。

20　高等教育の**国際化**はなによりもまず学習と研究の普遍的な性格の反映である。
それを強めたのは、文化間の相互理解の必要の増大であるとともに現在の経済的
政治的統合のプロセスである。国際的なつながりのなかで働き、生活し、交流し
ている学生や教師や研究者の数の増大がこの傾向の証拠である。機関や学術団体
や学生のあいだのさまざまなタイプのネットワークその他の結びつきのとりきめ
の急速な発展は、情報と通信技術の着実な前進によって容易になっている。

21　国際的な協力はとくにパートナーシップと高等教育の質と適切性の集団的探求
に基礎をおくべきである。高等教育機関が機能している状態がいくつかの発展途

上国において悪化していることは**国際的連帯**を必要としている。この点で、現在の不平等を縮小し、知識へのアクセスと知識の移転を容易にすることに役立つプログラムと交流を促進することが重要である。

高等教育の変化と発展——ユネスコの役割

22　高等教育の直面する傾向と挑戦および可能な対応は、ユネスコの仕事に直接関係している。それが要求しているのは、

——高等教育と研究の発展において、ユネスコの体系のなかでこれらの分野を担当する専門機関としての能力をもつ**ユネスコの役割の強化**。

——高等教育の変化と発展のための、とくに公平さについて十分に配慮しつつ進学の増大にたいする政策と戦略を導くべき原則と価値をユネスコが**堅持**すること。

——高等教育の適切性と質の向上の前提条件としての多様性の**促進**。

——高等教育の不変の価値としての学問の自由と機関の自治の**推進**。

——とくに発展途上国における高等教育および研究能力の強化への支持に力点をおいた高等教育分野での国際協力の促進に活動の**焦点**を定めること。

23　国際協力をつうじて高等教育をふくめ教育を発展させることは、創設以来ユネスコの主要な活動分野であった。**すべての人**に**基礎教育**を達成し、**生涯学習**の機会を拡大することは教育の分野におけるユネスコの優先課題である。この目的は、高等教育をふくむあらゆる段階の教育の刷新と前進という必要と手を携えてすすんでいる。ユネスコは政府およびその他の国内国際機関にたいして、高等教育を社会的、経済的、文化的投資とみなし、その活動に十分な条件をつくりだすよう勧める。

24　高等教育分野におけるユネスコの課題は**高等教育への進学機会と参加をひろげる**ことを支持しつづけるであろう。1960年にユネスコが採択した教育における差別禁止条約で規定され、その後の国際条約で補強されたように高等教育を「個人の能力を基礎としてすべての人がうけることができる」ものとすることは、依然としてユネスコの主要な関心事である。

25　高等教育の体系と機関を考え直し改善する必要について同意している現在の傾向とともに、ユネスコは前向きの高等教育政策の中心的特徴として適切性と質に行動の焦点をおいている。ユネスコは高等教育機関と体系のなかで多様化をすすめようとしている。さらにユネスコは、知識の普遍性と質の最高の基準とを見失わないようにしながらも、高等教育をそれぞれの国や地方の必要に、よりよく適

合させる手段として、学習内容のいっそうの多様化への努力を追求する必要を強調する。

26　ユネスコは情勢をふまえた決定および高等教育の変化と発展を監視し追跡するのに必要な基礎の前提条件に対応し、加盟国およびその高等教育機関が質を保障し評価をおこなうための機構と方法を発展させることを援助するために、いっそう努力するであろう。この責任に応えるために、ユネスコはこれらの活動を地域のユネスコ委員会やセンターに分散しつづけるであろう。政策決定の有効な手段の発展のために、ユネスコは高等教育についての研究の促進とともに、科学と高等教育についての統計や指標のカバーする範囲、信頼性、概念、定義の改善をふくめ、高等教育の分野での仕事を追求する必要がある。

27　とくに重要なのは、高等教育機関の学問生活と機能と発展の基礎的前提条件として**学問の自由と機関の自治**という原則の促進である。この点で国際的に認められた基準を設定する必要を考慮して、ユネスコはこれらの原則を強化し、高等教育の教員の地位を高めるために、加盟国、非政府高等教育組織および学術共同体全体と協力するであろう。

28　ユネスコ憲章の任務に従い、**国際協力の拡大**は高等教育分野におけるその主要な目的であり、その主要な行動様式でありつづけるであろう。ユネスコの課題は、発展途上国における高等教育と研究能力の強化に貢献するいっそう有効な方法を探求しつつ、全世界的に協力を促進することである。

29　**姉妹大学／ユネスコ研修員計画**は、地域間、地域的、地域内部のレベルで高等教育機関相互のネットワークその他の連携のとりきめを強めるための、ユネスコの主要な行動計画でありつづけるであろう。この計画がカバーしている広範な活動領域とその弾力的な組織上財政上の運用は、それが知識の伝達に適しており、関係する地域、国、高等教育機関のこれに関連する必要にうまく適合していることを確証した。この領域におけるいっそうの発展が、大学・産業・科学協力（UNISPAR、University-Industry-Science Partnership）計画や社会変容管理（MOST、Management of Social Transformation）のようなユネスコが主導するその他の事業も考慮しつつ、遂行されるであろう。

30　高等教育の変化と発展の過程におけるユネスコの究極の目標は、「**行動的な大学**」という概念に具体化される高等学習と研究の全般的な刷新と新しいヴィジョンである。それは地域の状況にしっかりと根を下ろし、しかも真理の普遍的な探求と知識の発展に完全に貢献する大学である。このことは、すべての加盟国の高等教育を持続可能な人類の発展の現在および将来の必要によりよく応える立場に

おく新しい「**学術契約（academic covenant）**」を生み出すことになるであろう。

I　序

1　今世紀の後半は、**高等教育**の驚くべき量的な拡大と質的な変容の時代として教育の歴史に記録されるであろう。高等教育は機能的に相互依存的な教育制度の主要な構成部分の一つと理解されていなければならない。それは、高等程度の**学習と養成、教育、研究活動**（研究への集中と財源の程度、諸分野の範囲および学問的評価の点で個々のタイプの機関の差はあるが）および社会への貢献を主要な任務・活動とする広範なタイプの機関によって一般に構成されている。

2　この発展は、高等段階での十分な養成や研究なしには、いずれの国も社会の必要と期待に応えうるような前進を確実にすることができないような時代にわれわれが生きていることの確認と考えなければならない。その社会とは、経済的発展は環境にたいする正当な考慮の下に遂行され、かつ、民主主義と寛容、相互尊重、すなわち**持続可能な人間的発展**にもとづく「平和の文化」の構築を伴うものである。

3　新たな挑戦や変動を伴って新しい社会が生み出されるような時代の要求にあらゆるところで高等教育がよりよく調整され、いっそう対応するように要請されているのは、このような広範な条件の下においてである。他の段階や形態の教育と同様に、高等教育が、社会との関係、とりわけ経済部門との関係、その制度的組織的構造、財政措置、管理運営といった見地から再検討を迫られていることはいまや明白である。高等教育は、すべての関係共同者とともに、その目標と課題、役割に関する**総合的ビジョン**を練り上げることを要請されている。

4　ユネスコは、高等教育および科学の分野をふくむ依託された多くの分野において、その使命の適切性が今日大いに強化されなければならないと考える。その憲章上の役割、すなわち「教育、科学、および文化の分野で活動している人びとの国際交流をふくむ知的活動のすべての部門における諸国民の間の協力を奨励することによって知識を維持し、増大し、普及すること」を達成するうえで、ユネスコは、高等教育および学問・研究共同体を主要な共同者として頼りにしている。さらに、ユネスコは、高等教育が、**教育、科学・技術、社会・人文科学、文化お**

よびコミュニケーションというその権能に属する主要諸分野の包括的計画のうちの本来的な構成要素であると考える。

5　高等教育の最近の発展との関連において、この分野で活動する国際諸団体はその政策課題と計画を再検討している。ユネスコは、1993年の第27回総会で採択された1・12決議で「高等教育の全領域を包括するユネスコの総合政策の綿密な作成の追求」を事務局長に要請した。この政策文書はこの決議に答えるものである。

6　この文書は、ユネスコが各国の高等教育に権限を有する当局、学術共同体を代表する非政府組織および高等教育に関する研究関連団体との密接な協力の下におこなった、高等教育の役割、主な動向および当面する諸課題をめぐる問題に関する全世界的な検討の結果である。経済的技術的発展の変化する要請および社会的文化的発展が求める新たな必要を特徴とする急激に変化する世界で、高等教育が直面する課題に対応するために、ユネスコは90年代のはじめに、高等教育の役割と主な動向、直面する課題に関する全世界的な反省的検討に着手した。これは主に地域的協議としておこなわれ、「アフリカの大学の使命に関するレゴン声明」（1991年・アクラ）、「ラテンアメリカおよびカリブ海地域の高等教育に課せられた課題」（1992年・カラカス）、「学問の自由と大学の自治に関するシナイア声明」（1992年・シナイア）等いくつかの基本計画的な諸問題を論議し、文書として確認した。ユネスコの地域事務所やセンターでいくつかの研究が取り組まれた。同時に、ユネスコ本部の事務局は、国連大学および高等教育分野の非政府組織と協力して、二つの総合書の出版――一つはアルフォンソ・ボレロ・キャバルによる『今日の制度としての大学』で、1993年にユネスコとオタワの国際開発研究センターから共同出版され、もう一つはトールステン・フセーン編『大学の役割――全世界的展望――』で、1994年に国連大学とユネスコの共同で出版された――を手がけた。

　　ユネスコの統計年鑑、91年と93年の『世界教育レポート』、90年の『世界科学レポート』や、その他のユネスコの研究物や文書は、この政策文書の作成に事実にもとづく証拠を提供している。

7　上記の会議、出版物、諸文書等は、本政策文書で提起する高等教育の展望に反映されている発展と変革のための**共通の立場と概念的枠組み**の形成に大いに役立った。この綿密な作業は、今日進行しつつある深い意味をもつ政治的、社会的、

経済的、文化的発展に照らしてユネスコの役割の強化をめざすいっそう広い過程の一部ともみなければならない。「文化と発展に関する国際委員会」および「21世紀の教育に関する国際委員会」から出される報告書に特別に言及しなければならない。これは欧州共同体（EC）委員長ジャック・ドロール氏を長としてユネスコが設置したものである。教育の新しい役割と要求に関する委員会の検討は、また、教育の他の段階および形態との関連で、高等教育の当面する課題を取り扱うものである。

8　高等教育が直面する諸問題の性質は、教育機関レベルはもちろんのこと制度全体におよぶ包括的な改革が必要であるというものである。したがって、政策の枠組みを組み立てようとするならば、広範多様な見解を検討しなければならない。国連の若干の諸機関が高等教育をめぐる最近の論議に参加してきている。その他の政府間機関もそれら自身の計画と課題に関連して類似の課題に取り組んできている。それらの経験が大きく役立っている。

9　この文書は、ユネスコが高等教育の主な動向と考え、かつユネスコの政策の形成に役立つと考えるものの簡単な分析から始められる。これらの諸動向は、多様な国ぐにの経験から、そして構成国や政府間組織、非政府組織、高等教育当局、政策決定者および研究者等によって披瀝された諸見解によって作成された。急激に変化する世界で高等教育が直面する主な課題は、三つの主要項目で整理できよう。すなわち、

——**適切性**。社会における高等教育の役割と位置、したがってその使命と課題、計画、内容および伝達制度、そして同時に、他方で適切性を高め確実にするすべての努力を貫く原則としての**学問の自由と大学の自治**を強調しつつ、公正、責任、財政の問題などを包括する。

——**質**。高等教育のすべての主要な役割と活動を包括する多次元の概念として規定されるもの。

——**国際化**。今世紀の後半をとおして相当に拡大されてきた高等教育の固有の特性。

10　この文書の主な特徴の一つは、**高等教育が制度としても機関としてもこれらの諸課題にいかに対応できるかを吟味**したものであり、加盟各国およびその高等教育機関が自らの政策を練り上げ、変化と発展の過程を促進するうえでユネスコが

援助できるという**貢献**についてである。

11　この政策文書の包括的性格と構造は、それが広範多様な人びとに語りかけていることを意味する。その人びととは、学術共同体の個々の構成員から、高等教育およびこの分野での国連の専門機関の役割という点からみたユネスコをふくむ国際組織の共同者と政策決定者までの広範な人びとなのである。

Ⅱ　高等教育の動向

12　この四半世紀にわたる高等教育の重要な発展は**量的な拡大**であったが、しかしそれは、国ごとおよび地域ごとの進学の不平等、**制度構造と学習の内容および形態の多様化**、それに**財政的窮迫**を伴うものであった。財政的窮迫は、高等教育の全体的な役割の発揮にとってますます有害なものとなり、学問的質の衰退を招いてきており、強固な学術的基礎と伝統を有する国ぐににおいてさえも研究活動に緊迫状態を強いることになっている。科学・技術の発展で足並みをそろえるうえでの無力さという問題で、ユネスコの1993年の『世界科学レポート』の指摘するところによれば、世界の研究開発（R&D）の80％がほんの一握りの工業国で実施されたとしているが、それは、この点での発達した国ぐにと発展途上の国ぐにとの間の格差の拡大が存在することを意味している。

量的な拡大

13　量的な拡大は、出生率が地域や国によって実際上異なるということはあるにせよ、全世界中で高等教育への学生の入学者数にみることができる。この全般的傾向は、いくつかの要因によるものである。すなわち、人口の増大、初等中等教育が著しく普及し、したがってより多くの若者が高等教育への入学をめざす資格を獲得したこと、多くの国ぐにおよび地域で経験した経済成長、そしてこの経済発展が高等教育への投資と相関的であることの自覚である。もう一つの主な理由は、独立した民主主義諸国の出現であろう。そこでは、その将来の経済成長のためにというだけでなく、植民地主義の残存物や遺産その他の非民主的制度を除去し、民族的一体性を促進し、知識と技術を受容し応用する地域の人間的資源と能力を発達させて、要請される社会的、文化的、政治的な変革をめざすためにも、高等教育を重要な手段と考えたのである。

14　ユネスコの統計資料はこの成長の過程をはっきりと示している。**すべての段階の教育への在籍**は、1960年の4億3700万人——全人口の14％にあたる——から、1991年の9億9000万人（世界人口の18％）へと増大した。高等教育の学生数の増大はいっそう急速であり、1960年の1300万人から1970年には2800万人、1980年には4600万人、1991年には6500万人であった。発展途上国の場合、この成長はとくに急速であった。すなわち1960年の300万人から1970年に700万人、1980年に1600万人、そして1991年に3000万人となっている。この結果、発展途上国の在学生の割合は1960年の23.1％から1991年の46.2％に増加した。若干の地域ではこの在籍学生数の増加がめざましいものであった。すなわち、サハラ以南のアフリカでは1970年の10万人から1991年の100万人に、アラブ諸国では1970年の40万人から1991年の300万人に、東南アジアでは1970年の400万人から1991年の1800万人に、ラテンアメリカ・カリブ海地域では1970年の200万人から1991年の800万人にという数字が示される。

15　しかしながら、これらの動向を分析するうえで、発展途上国では高等教育が非常に遅れた出発であること、および高い出生率を考慮する必要がある。発達した国ぐにの多くが高齢者人口の増加を経験しているが、他方、発展途上国では青年人口が引き続き増加していることが想起されなければならない。

16　在籍数の増加を全体的に見通すためには、その在籍者をそれぞれの学年人口に関連させることが必要である。これらの比率は、パーセントで示されるが、教育のある段階へ入学する能力という考え方をもたらす。18歳から23歳の年齢集団の在学率は、主要な世界諸地域の間に相当な不均等があることを示している。この数字は、全体として着実な成長を確認できるものである。すなわち、1960年の9.6％から1970年に14.8％、1980年に18.8％、そして1990年には若干下って18.6％、1991年には再び上がって18.8％となっている。同じ時期、発達した国ぐにの在学率は着実な増加を示し、はるかに高い数字となっている。すなわち、1969年に15.1％、1970年に27.1％、1980年に30.7％、1991年に40.2％である。これに該当する発展途上国の数値は、1960年に7.3％、1970年に10.1％、1980年に15.1％、そして1991年に14.1％であった。

17　この**入学の不平等**は、人口10万人当たりの学生数という点からみるならばとくにきわだっている。それは、それぞれの国ないし地域での高等教育の発展の全般

的水準を表す指標である。1991年に、この数は北アメリカでは5000人以上で発達した国ぐにでは2500人以上というひらきがあった。発展途上国のほんの一部ではこの範囲に入る数値であったが、大部分の国でははるかに少ない学生数であった。とくにサハラ以南のアフリカ諸国では人口10万人当たり100人を切るという数値であり、この状態は憂慮にたえないところである。この事実は、この地域の若者の高等教育への機会が発達した工業諸国にくらべて17分の１以下であることを意味している（発展途上国の平均では発達した国ぐにの４分の１である）。ユネスコの1993年の『世界教育レポート』が特記したように、サハラ以南のアフリカ諸国とその他の国ぐにの間の「高等教育の格差」は、今日の教育における最も顕著な不均衡の一つである。

18　また、在籍学生の増加が、自然科学や技術のようなより多く予算を必要とする分野よりも教職員や施設設備、機能全般が安上がりですむような分野の学習内容に集中しているということも顕著な事実である。また、在学学生の全般的な増加は、女性や少数人種および農村地域の低収入家庭からの学生といった被差別部分の広範な入学を示すものではあるが、高等教育への入学のいっそうの平等という課題はあらゆる前向きの政策の目標とならなければならない。

19　**高等教育への女性の参加**に関する動向は、十全な政策が採用されれば、どれだけのことを達成することができるかということを立証している。ユネスコの統計によれば、高等教育の全在学生に占める女性の割合は1960年の34％から1980年の43％へ、1991年には45％へと増加している（2025年までは44％で推移すると推計されている）。かなりな程度の進展がなされたが、世界の諸地域の間にはいまなお顕著な差がある。1991年に、女子学生の割合は、サハラ以南のアフリカで27％、東アジアで33％、南アジアで36％、アラブ諸国で37％であった。女子学生は多くの場合、医療や教育といった学習分野に集中しており、他方で学術的職業につらなる大学院課程や科学・技術の分野で少数にとどまっていることにも懸念が表明されてきている。

20　高等教育への就学にたいするユネスコの計画では、世界の大学生総数が1991年の6500万人から2000年には7900万人、2015年には9700万人、2025年までに１億人という増加を見込んでいる。**大衆的な質の高い高等教育**を発展させるという要請が、将来の主要な課題を代表するものである。また、発展途上国での在学計画は、

1991年の3000万人から2000年の4000万人、2015年には5000万人、2025年には5400万人という著しい増加を見込んでいる。しかしながら、それぞれの時期における計画的人口成長からすれば、高等教育への機会の不平等は持続するであろうし、高等教育への参加は、発達した国ぐにでの有資格人口の約半数に及ぶであろうが、発展途上諸国の高等教育の在学者は人口の10％以下にとどまるであろう。

構造と形態の多様性

21　教授法や養成、学習の方法と同様に高等教育の制度的構造や形態の大きな変革が国家当局ならびに機関自身によって取り組まれてきており、進行中である。その端的な結果の一つが事実上世界の諸地域すべてで進められてきた高等教育の**多様化**である。とくに長い間に形成された伝統を大事にする大学は変革にたいして若干抵抗的ではあるが、高等教育は全体として比較的短い期間で広範囲にわたる変容を遂げてきている。

22　これらの変革の理由は外的および内的の双方のものである。外的な要素としては次の事柄が多様化の過程に特に関連している。すなわち、
　——高等教育への社会的要求の高まりといっそう多様化した顧客の要求に応ずる必要。
　——高等公教育に支出する経費の大幅な削減、したがって、教育機関に選択的かつより経費効率的な内容および伝達システムの企画を迫ったこと。
　——絶え間なく変化する労働市場の要求、これが、経済のグローバル化と地域化の結果として、新しい専門的、技術的、経営的分野および新しい諸関係における養成訓練に備えることを高等教育機関に要請することになったこと。

23　次の三つの内的要因が高等教育の教育・研究活動の再編成にとってとくに関係があった。すなわち、
　——学術諸分野の発展とそのいっそうの分化を生み出した科学の巨大な前進。
　——教育、養成および研究の方法・方式を学際的、総合的に推進する必要への認識の増大。
　——新しい情報・通信技術の急速な発展と高等教育の多様な機能や必要へのそれらの適用の増加。

24　以上に概略を述べたような経過の累積の結果、各国の高等教育の制度には顕著

な多様性がみられ、それは制度的構造、内容、学生数および財源等に及んでいる。国の制度の内部の複雑さは、どんなに柔軟な分類法をもってしても、多様な類型の機関や内容を明確に区別できないといった状態である。にもかかわらず、個々の機関が高等教育制度のなかでその役割を理解する仕方には一定の類似性がある。若干のとくに明白な特徴の識別と分析は過去の変革に関する適切な指標であり、また、将来の発展の方向を示唆することができる。

25　以下にあげる多くの高等教育制度の二分法は、必ずしも正反対のものではないが、近年大きく注目をされてきているものである。すなわち、

——**高等教育の類型としての総合大学と非総合大学**。総合大学の間にも研究の量と質、学科の数、研究内容等々に関して顕著な相違があるが、にもかかわらず、非総合大学の高等教育機関とは重要な相違がある。

——**規模**。高等教育機関は、学生および教職員の数の差に応じて、小規模のものから、中規模および大規模の機関に及んでいる。大規模の機関は多くの場合、都市中心部に立地し、そこでは大きな雇用主となっている。高等教育機関がいくつかの地域で活動をする場合、多くは多数のキャンパス組織として、大学院ないしプロフェッショナルスクールはもちろん、多様な系列学部や研究機関を備えたものである。そのなかには「連合」ないし「総合」大学として機能しているものもある。

——**研究の方針および水準**。かなりの教育機関は農業、医学、教員養成、社会科学および自然科学といった学問分野的に専門化されているが、しかし最近の動向としてはいっそう総合的な学問分野の組織に向かっている。この動向と密接に結びついて研究水準の多様化が進んでいる。普通、学部や大学院、研究科などと分けられ、学士、修士、博士（ないし国や専門分野ごとの同等の資格）という三類型の資格の一つに通じる学習内容が高等教育の資格確認の主なかたちである。しかしながら、高等教育と養成に結びついた多くの課題が、いまや伝統的高等教育機関の外側の環境で起こりつつある。これらの教育内容は、たとえば通信・放送教育課程をおくなどして高度に多様化した顧客の特別な学習要求に対応するものであり、絶えず変化する労働市場といっそうの専門化の要求に応えている。その資格証明は、学術機関の外で獲得した技能に学術的認知を与えるという必要をふくめて、学術的かつ専門職的性質双方の問題も提起している。

——**学生全体**。経済的、社会的理由からパートタイムで非学位課程に在学する学

生が増加している。さらに、フルタイムの学生でさえ、いくらかの労働経験をした後に学習を開始する、ないしは労働の期間と学習の期間を交互にもつという傾向がいっそう多くなっている。この結果、全学生の伝統的な年齢構成はいっそう多様化してきている。

——**財源**および設置者による地位。高等教育機関は公立、私立および混合という三つに大別される。私立機関の学生の割合が増え続け、その大部分は発展途上国だが、国によっては全学生数の50％を超えるまでになっている。私立の高等教育・プロフェッショナルスクールがとくに東欧および中欧に最近出現したのは、この新しい部門に対処するための諸立法措置がおこなわれなければならなかったことを意味している。少なくとも学術上の地位の観点からすれば、私立の高等教育機関相互の相違は公立機関相互のそれよりもいっそう大きいものがあることは広く一致する見方である。一つの国の制度のなかでも多様な私立高等教育機関の法的な地位や学術上の公共責任に関しては、実体的な差異がありうるということも指摘されなければならない。

26　高等教育にはその他の類型の分化が認められるが、それらは前進する多様な変化の過程にあまり関連しない。たとえば、ある国の制度では、その機関の性質や場所によって国家的使命をもつものと特別な地域や地方の要求に応ずるための機関との間に相違がみられる。他方ではある種の教育機関、特にプロフェッショナルスクールなどは国際的な性格をもっている。また、とくに島嶼国など若干の小国の要求に応える地域的教育機関があるが、それらの国ぐには自前で一人前の発達した教育機関を設立しうる経済規模を欠いているのである。世俗的教育機関と宗教的教育機関の間の制度上の相違もあり、また、これはますます珍しくなっているが、一方の性に限られる教育機関の間の相違もある。

27　上に述べたような教育機関とその内容のいずれかを何か最適の解答ないしモデルとして提示することは誤りであろう。たとえば、もし、高等教育をより広範に利用できるものとし、より低廉な費用で供給することが望ましい目標であるならば、分化した教育機関は、なるべく放送・通信教育を基礎とし、主流的には私立でというのが解決策となろうといったことを仮定しようとすることになるであろう。しかしながら、高等教育制度における一構成部分、役割、任務ないし構造に関してなされたある決定は、他の事柄に影響しないではすまされないという事実を見落としてはならない。多様化は今日の高等教育において最も歓迎される動向

であり、利用しうるあらゆる手段で支援されなければならない。しかし、多様化の促進に向けて連動するあらゆる決定の土台には、**学問の自由と大学の自治**を十分に尊重して、教育機関とその内容の質、入学の平等、および高等教育の**任務**と**役割**の維持を保障することへの関心がなければならないのである。

基金・財源の制約

28 高等教育への投資と社会的、経済的、文化的発展の間の相関関係は十分に確立されている。それゆえ、その財政面では既存の型と水準の範囲内で高等教育の量的拡大が依然として要求されていることへの懸念が生まれている。大部分の場合、高等教育に学ぶ学生数の増加に伴って、実体的な財源の配分増が伴わなかったのであり、多くの教育機関は、予算や学習内容、施設の現代化、所蔵図書、国際協力そして研究職員さえも削減することを余儀なくされた。財源の窮迫は、それをどう配分するかへの公衆の意識の高まりとも結びついて、発達した国ぐにでも発展途上諸国でも、高等教育への国庫支出の削減をしばしばもたらした。国庫支出の制限のため、あらゆるタイプの高等教育機関が影響を受けたのであり、最も財源の豊かな大学さえも例外ではなかった。

29 財源が少なくなるなかで高まる高等教育への期待に応えることは、発展途上諸国にとって主要な困難となった。とくに、公的予算を統制する必要から生じる財政の逼迫は、構造調整政策の結果としていっそう大きく影響を受けてきた。ユネスコの統計によれば、発展途上国はその公的高等教育分野にGNPの非常に大きな割合を投入している。しかし、高等教育に比較的に高い優先度が与えられてはいるのだが、それでも、これらの国ぐにでは、その必要とする水準あるいは世界の発達した地域でみられる水準まで援助を配分することができているわけではけっしてない。平均して学生一人当たりの支出の絶対額は工業化した地域にくらべ発展途上国では十分の一である。このような問題は高等教育への公費支出に関する政策上のジレンマを示すものであり、その地域が貧困であればあるほど、高等教育に配分される額をGNPとの比率で測った場合、学生当たりの相対的な経費はいっそう高くなるのである。

30 今日、高等教育の総合的制度を公的な支出だけでまかなえる国はほとんどない。さらに、いくつかの地域の経済状態や国と地方の予算不足が続いている状態からして、この傾向が近い将来逆転されるだろうとは考えられない。資金供給の別の

途を探す要求が高等教育における最近の政策の特徴の一部となっている。その結果、授業料その他学習関連経費の導入ないし値上げにより、また契約研究、広範な学術・文化活動や短期課程など**収入を生み出す多様な諸活動**の奨励により、**経費分担の責任**の配置を修正することへの巨大な圧力が存在することになった。資金供給の別の途の探求は、発展途上諸国にとってはいっそう大きな困難を伴うことが明らかになっている。

国際化の拡大

31　教育および科学の最近の発展により、知識は普遍的であり、その追求と前進、普及は国際的学術共同社会の集団的努力によって大きく高められるという主張の正当性が強固なものとなってきた。これが、高等教育機関と諸科学の学会、学生団体を包み込んで、学術生活一般に根強く存在する国際的な重要性の理由なのである。高等教育の役割の内容とその関係の国際化、学生および教職員の移動の拡大に払われた特別な留意がさらに世界的な貿易、経済的政治的統合、および異文化間理解の必要の高まりという現下の動向にかんがみて、その意義の重要性を加えられてきている。国際的な関係で学び、働き、生活し、通信をする学生、教員、研究者の数の増加は、新しい遠距離通信技術によって促進された現象であり、この全般的で積極的な発展を確証するものである。

32　ユネスコの統計によれば、その出身国を離れて高等教育の学習を続ける人びとの数は、1980年代の10年で92万人（1980年）から120万人（1990年）へと約30％増加した。これらの大部分（1990年で75万人以上）は発展途上国の出身であった。しかしながら、外国で学習を続ける学生数の全体としての増加にもかかわらず、世界全体の高等教育の在学生の絶対数の増加に追いついていないことを同じくこの統計が示している。したがって、パーセンテージでみるならば、高等教育の在学生は「国際的」性格をより少なくする傾向にあることになる。このことは、発展途上国が自国でその学生を教育する能力を増大させることの指標であるから、必ずしも懸念すべき問題ではなかろう。しかし、学生や教職員の移動の新しい型や様式、方向が出現しているという関係において、この進展を考慮することが同時に重要である。

33　多くの学生移動は、制度的組織的な交流計画の枠組みの外で起こっている。多くの国ぐにや教育機関は、高等教育をそのサービスの重要な「輸出部分」と考え、

また、とくに大部分の学生がその授業料全額を払うので、追加収入源と考えている。その主な受益者は、発達した世界の高等教育機関であり、場合によっては受けいれ国や機関が主に大学院レベルだが学費を分担するような事例においてさえも同様である。この傾向の全般的結果は、発達した国ぐにからの学生数の増加が発展途上の国ぐにからの学生数よりも速いという事実で、国際的な全学生の構成にすでに表れている。さらに、外国で勉学を続ける発達した国ぐにからの学生の97%は別の発達した国に行くものであり、したがって学生の移動はいっそう北→北となり、南→北はいよいよ少なくなる。別の言い方をすれば、外国留学をすることの利点はいよいよ認識されてきているが、それに関わる経費は、それを支出しうるこれらの国ぐに（ないし学生たち）の特権となってしまっている。このことの証拠は、発展途上の国からの外国人学生のなかで、近年経済のうえで著しく進展したいくつかの国ぐにをふくむ東アジアおよび太洋州地域を別にして、軒なみにその数が減少しているという事実によって示されている。

34　対外的頭脳流出の危険性は、高等教育における国際協力にとって、とくに、母国ないし研究機関からの長期不在がふつうであるようなより伝統的形態の場合、ここ数年の間主要なジレンマとなってきた。発展途上国での頭脳流出がもたらす全般的にマイナスの結果はよく知られており、多くの場合、外国で雇用される者ないしその他の受益効果の見返り的送金によっても相殺されないのである。1992年の国連開発計画（UNDP）のブマン開発報告によれば、アフリカの高い技能をもつ人びとの約3分の1は1987年までに主として欧州諸国に移住し、1985年から1990年の間に中級ないし高級の管理者その他の分野の人材6万人が移住した。この対外的な頭脳流出は他の地域にも影響を与えた。発展途上の世界から発達した世界へのこの人的資源の損失の規模は、発達した国ぐにがその移住政策として教育および専門職能に関する正規の資格水準を考慮するといった事実にある程度の関連をしているのである。

35　長期にわたる対外的頭脳流出の問題は、学生と研究者の移動に関係をしているが、しかし、移動は流出によってすべてそれだけで起きているわけではない。それは、経済的、社会的、政治的諸要因の相互関連の結果として起こる地域的、国際的移住のより広い現象の一部である。また、それは世界の多くにある経済的、社会的、政治的情勢の緊急状態を示すものでもある。外国への留学は、高度の資格を有する人材の移住をひきおこしている一つの要素として考えられる。しかし

ながら、この頭脳流出現象にふくまれる多数の人びとはじつのところ自分の国で教育を受けたものである。若い研究者や大卒者の専門職としての昇進の刺激や機会が地方では欠けていることから、高等教育の役割と長期的発展にとって有害な内外双方の頭脳流出を助けた支配的な要因となったのである。

Ⅲ　変化する世界での高等教育の課題

主要な課題の展望

36　以上に述べた諸動向は、高等教育が現在活動し、かつ少なくとも予見しうる将来にその役割を果たすと考えられるその状態を理解するうえで重要なことである。この動向は、高等教育をめぐるその他の同様に重要で困難な諸問題、たとえば公的私的財政確立と財源配分の問題、学術的業績の質の維持、改善の問題、適切性と効率性、有効性の問題、教育方法の改善の問題、そして、新通信技術がもつインパクトと同時に急激に拡大する科学的情報に関連している全体の諸問題に影響を与えているのである。この諸動向のすべては高等教育の政策論議に強い関連性をもっている。しかし、結局、高等教育の使命と役割、課題への新規の注目を求めているのは、全世界的、地域的、国内的、地方的に、より広範な社会的水準での発展である。

37　人間の営為の多くの分野での巨大な進歩にもかかわらず、今日の世界は大きな諸問題と諸課題に包囲されており、世界のある部分での根強い人口増加、頻発する紛争や部族間の争い、飢餓、疫病、持続する貧困、ホームレス問題、長期の失業、および無知といった問題、そして環境の保護、平和の確保、民主主義、人権の尊重と文化的多様性の保全といった諸問題に支配されているのである。世界の一部の地域の国内および相互間での長期にわたる多くの論争や相違点は、イデオロギー的な「偽装」がもはや不可能であるとき、いっそう明白になるだけでなく、よりしつこくなってきている。これらの諸問題を打開するために、連帯の精神で、国ぐにの共通の利益を明解に理解をして、国際社会によって緊急の活動が取り組まれなければならない。

38　現今の国際的動向は、一連の同時的、場合によっては矛盾する諸過程によって特徴づけられる。すなわち、
　　——**民主化**。これは、多くの全体主義政権の解体と崩壊および民主勢力の着実な

前進においてみられる。これは平和と人権の尊重の保障をめざす発展と集団行動の基礎として貢献する。

——**世界規模化（グローバライゼイション）**。国内的地方的経済や通商が世界的規模で相互依存を増大させ、その結果生じる諸問題を処理する世界的方法を採用する必要を反映するもの。

——**地域化（リージオナライゼイション）**。地域化のなかで国家はその競争力強化の手段として貿易経済を促進するグルーピングを形成する。地域的取り決めは、教育、文化、環境、労働市場および基礎構造等の問題でも有効であろう。

——**分極化（ポラライゼイション）**。これは全世界的、地域的、国内的規模での不平等の増大に明らかであり、この過程が引き起こす政治的、経済的、社会的結果をすべて件いつつ、富める国ぐにと貧しい国ぐに、富める人びとと貧しい人びととの格差を拡大するという結果を生んでいる。

——**取り残し（マージナライゼイション）**。これは、さまざまなかたちでの低開発のゆえに、人口の一定部分についてと同様に、ある国ぐにを国際的ないし地方的に孤立化させることから明らかである。

——**分断（フラグメンテイション）**。これは、社会的、文化的不和を招くものであり、極端な場合、国家や地域社会を人種や部族、宗教別に分断する企図によって「細分化」にいたるものである。

39　発展を新しいコースに据えようとするあらゆるレベルのより効果的な活動を求める集団的意志の出現は、国際連合やその専門諸機関を促して新しい方法の探求のための計画や財源措置が講じられることにもなった。この一連の活動は、国連の主催の下に開かれたさまざまな国際討論でおこなわれた課題、討論、決議に反映されてきた。これらのうち、以下のものがこの政策文書で検討された。

——国連環境・開発会議（1992年6月・リオデジャネイロ）。ここでは21世紀への全世界的持続可能な開発のための活動の青写真として「アジェンダ21」を採択した。

——「平和への課題」。これは、1992年に国連によって採択されたもので、平和と安全を確保するためにとられるべき目標と原則、可能な手段を列挙している。

——世界人権会議（1993年6月・ウィーン）。この決定において発展が普遍的な権利であり、諸人権の構成部分であるという見解を強化した。

――国際人口・発展会議（1994年9月・カイロ）。そこでは現在および将来の発
　　展における人口問題への対処において教育の果たすべき基礎的な役割が指摘
　　された。

40　これらの諸文書に提示された見解の共通の確認は、**持続可能な人間の発展**に向
　　けてこの共同社会の活動の政策と態度、様式を形成するうえで、国家と政府、政
　　府間機関、実業界および専門職社会、非政府組織、メデイアおよび一般公衆等す
　　べての関係者の協力行動への強力な勧告である。この過程は国連が作成した「発
　　展の課題」の文脈のなかに、そして社会発展のための世界サミット（1995年・コ
　　ペンハーゲン）、第4回世界女性会議（1995年・北京）といった主要国際会議の
　　結果等でいっそう勢いを加えるであろうことが明示されている。

41　今日人類が直面する課題に対処するための不可欠の条件として、狭い経営上の
　　意味ではなく広い概念として考えられる**人間資源の開発**の問題が存在しており、
　　そこでは教育および養成が主要な役割を演ずることになる。高等教育に進学し、
　　それが社会にたいしておこなう多様な活動に参加することは、高度な人間的専門
　　知識および専門技術が必要とされるあらゆる持続可能な発展計画の一部なのであ
　　る。

経済・技術をめぐる要請の変化
42　大部分の工業の発達した国をふくめて多くの国が直面する危機的な経済的課題
　　の一つは、経済および技術、国際貿易での**変化に適合する能力をどう強化するか**
　　ということである。これらの変化の速さや深さは前例のないものであり、人間活
　　動の多領域に影響を与えている。それらは新しい機会を創り出すと同時に、とく
　　に労働の世界でそうだが、多くの問題を生み出す。この分野での発展は通常の経
　　済変動の上がり下がりをこえるものとなる。経済・技術変化の影響は、もしも適
　　時的に十分な対応で取り組まなければ、社会的政治的諸問題の全体を解明できな
　　くなり、地方的、国内的、地域的、国際的な避けがたい結果をもたらすものだと
　　いうことがますます理解されてきてもいる。この変化する要請に対処するために
　　教育と養成に多くが期待されている。

43　技術、とくに情報と通信での発展の影響は、あらゆる国がその工業発展の水準
　　にかかわりなく、全世界的に認められた基準と設備を使わねばならないことであ

る。これは、**ハードウエア**だけでなく、組織の構造や人的要因つまり**ヒューマンウエア**にまで適用される。これは教育とくに職業教育と高等教育に関係ないし依拠することになる。

44　上に述べた発展の結果は高等教育にとくに関連するものであり、職業技術教育との連携において、質の高い雇用の創造を可能にする質の高い労働力の開発がおこなわれるのは高等教育だからである。

新しい開発戦略と高等教育

45　上記に概略した課題の解決の探求は、国内的かつ地方的な文化的、社会的諸価値の関係において理解されなければならない。これらの解決はまた、社会がその国際的な社会、経済、文化の諸関係を基礎にしたいと望む諸原則と調和したものでなければならない。結論が何であろうと、全体としての社会との連携は、学問への情熱に動機づけられ既存の知識を共有し、新しい知識を探求する責任を自覚した人びとの出会いの場としての性格をもつ高等教育機関の考え方に不可欠である。

46　現代の社会経済の発展の研究は、それが堅いあるいは押しつけられた構造の内部では繁栄できないことを示している。経済モデルの型にはまった移植ないし押しつけにもとづく開発戦略の失敗は、実際の経験、とくにサハラ以南のアフリカ、ラテンアメリカおよび中欧・東欧での経験から引き出される教訓である。この結論は高等教育が直面する諸問題にもあてはまる。この政策文書を作成するにあたってもたれたユネスコの協議で明らかになったことは、外国の考え方や価値を頑固にもちこみ、地域的、国内的文化や哲学を無視することは、あらゆる地域において教育に否定的な影響をもたらすことをいよいよ多くの人びとや機関が自覚してきているということであった。このことは、国家による高等教育改革の企画に取り組む加盟国によって留意されなければならない。

47　固有の持続可能な発展という概念の基本的な前提は、国連によって1991年に、「国際発展戦略」で定式化され、ひき続く総会で承認されたものである。そこでは、経済発展は二つの主要な基礎、すなわち貧困の縮小と人間資源の開発とにもとづかなければならないとされている。高等教育はこれらの問題に関係するすべてにとっていよいよ重要な共同課題となってきた。人間的発達と社会でいっそう協力

的、参加的関係を築くことは、高等教育段階をふくむ現存の教育機会を有効に活用し、発展させることに直接に結びついている。

48　急速に変化する世界における社会的、経済的、文化的発展のための諸課題についての以上の短い分析から、次のことが明らかになる。すなわち、
　　——高等教育は現代世界の課題に対処するに必要なこれら広範な過程を始動させる鍵の一つであることは明らかである。
　　——高等教育およびその他の学術・科学・専門職養成の機関と組織は、教育、養成、研究および貢献諸活動における役割をつうじて、発展において、また発展の戦略、方針の実施において必須の要因を象徴するものである。
　　——高等教育が、機能する社会の期待に応えるために、高等教育の広範性への要求をより大きな適切性への要請と結合する新しい展望が求められている。この展望は、社会にたいする公共責任（アカウンタビリティ）の必要を強調すると同時に、学問の自由と大学の自治の原則を強調するものである。

Ⅳ　高等教育の対応——新しい展望

49　国際的、地域的、国内的そして機関のレベルで政策立案者が考慮すべき選択と決定は、その内的機能はもちろんのこと、高等教育の社会における戦略的位置づけを決定する三つの標語すなわち**適切性**、**質**、**国際化**によって導かれなければならない。

高等教育の適切性

50　**適切性**は、高等教育への社会の期待という点からはもちろん、高等教育が制度としても個々の機関としても社会にたいして果たすべき役割という点からとくに考慮されなければならない。そこでは、入学の民主化と人生の多様な段階で高等教育に参加する広範な機会、労働の世界との結合と全教育制度への高等教育の責任といった諸問題をふくまなければならない。人口や環境、平和、国際理解、民主主義、人権といった差し迫った人間的諸問題の解決の探求に高等教育の共同社会が参加することは同様に重要である。高等教育の適切性という考え方は、社会にたいするその多様な「学術的貢献」をつうじて最もよく表現されるものである。将来は、これらの貢献を送り届ける種類や方法が再定義され、再検討されることが必要となろう。

社会全体との関係

51 変化する世界での高等教育の役割に関する政策論議は、教育、文化の遺産の一部として残すべき諸特徴の保全と社会が高等教育に与える役割を保持するのに必要な変革との間の慎重な均衡に基礎をおかねばならない。この目的は、人類が直面する一般的諸問題、経済的文化的生活の必要にたいして高等教育をいっそう敏感なものとし、一定の地域や国ないし地域社会の固有な諸問題に関連していっそう適切なものにしなければならない。

52 さきに述べた諸課題への対応は、必然的に高等教育をふくむ教育の範囲をふくむものである。このことからして、国内的および機関のレベルでの高等教育の使命と課題に関する教育政策の形成は、次のような基本的問題を取り扱うことを意味する。すなわち、

――高等教育とその多様な機関は、社会・経済的変化にいかに貢献し、持続可能な人間的発展の促進をいかに援助することができるか。

――高等教育、とくに教育と研究は、いかに、現代社会の構成に貢献することができるのか、また、それは、いかにして貧困を減らし、環境を保全し、保健医療設備や栄養を改善し、市民社会の原則を促進し、そして他の段階および形式の教育を発展させることをめざす諸活動にいっそう緊密にかかわることができるのか。

――高等教育は、これらの諸課題に応えるのに必要な市民的文化および労働の世界の変化にいかに応えることができるのか（このことは学術専門的資格と同時に市民的、個人的資質を発達させることを意味する）。

　これらの諸問題は以下のように集約される。**現在および将来における高等教育の役割は何であり、かつ何でなければならないのか。**

高等教育と労働の世界

53 高等教育と労働の世界の間の関係は二つの並行する傾向で決められている。第一に、現代の経済がますます知識集約的となり、したがって「思考する労働力」としての高等教育卒業者にいっそう依存するようになってきたので、高等教育が多数入学制に移行していることである。第二に、卒業生は職業を変え続け、知識を更新し、新しい技能を学ぶ必要を受けいれなければならないことになろう。労働の世界は徹底的に再定義されつつあり、学生がその養成期間中に獲得した特定の知識の大部分は急速に旧式化するであろう。製造部門との絶え間なきかつ相互

交流的協力が不可欠であり、それは、高等教育機関の全般的任務と活動に統合されなければならない。しかし、高等教育はその労働の世界との関係を長期の見通しと広範な条件でみなければならないことが強調されなければならない。

54　高等教育機関は現代社会で高度な資格をもつ人材を専門職として養成する唯一の機関ではないが、にもかかわらず、この役割は高等教育機関の主要な役割である。大学その他の高等教育機関はなお、多くの学術分野で中等教育を終了する者の全般的養成にとくに適切な場と考えられ、さらに専門職養成の基礎となりうるところと考えられている。そこではまた、若者にとって、異なった職業や文化の背景をもつ個人の間での有効な共働のために必要な技能を発達させるための適切な環境が用意されている。この伝統的な機能は、これまでの一定期間を限っての学習と研究を選択して集中する形式に徐々にとって変わりつつあるすべての人の生涯学習の形式に社会が変化していくにしたがって、教育の面での貢献への要求の高まりとの関係でとらえられなければならない。十分に多様化し、柔軟な進学の制度と準備をもつ高等教育だけが急激に変化する労働市場の課題に応えうるのである。

55　労働の世界での新しい事情が高等教育での教育と養成の目的に直接の影響をもっている。ただ教育内容や学生の負担を増やすことは実行可能な解決とはなりえない。したがって、学生の知的能力を発達させ、技術的、経済的、文化的変化と多様性にうまく対応できるようにし、学生に独創性と起業的な態度と適応性といった資質を獲得させ、さらに学生をして現代の労働環境により大きい確信をもって活動させる、そのような科目に優位が与えられなければならない。

56　このことを念頭において、高等教育は、労働市場および雇用の新しい分野と形式の出現にたいして敏感で行動的な姿勢を発展させなければならない。そのためには、学習の内容と構成を変化する環境に適応させ、卒業生により大きな雇用の機会を保障するために、主要な市場動向の変化に注意をはらう必要がある。しかしながら、いっそう重要なことは、高等教育がその伝統的役割を果たすと同時に、持続可能な人間的発展に役立つ新しい地方的、地域的必要を明らかにすることに協力して、将来の労働市場の形成に寄与しなければならないということである。簡潔にいうならば、「学位イコール就職」の方程式がもはや通用しない時代に、高等教育は就職を求めるだけでなく、成功した**起業家、職の創造者**でもあるよう

な卒業生を輩出することを期待されているのである。

57　これらの課題に応えて学術共同体が経済界の共同者と積極的にかかわりあうことが、高等教育の使命の不可欠な部分としてますます理解されてきている。この関係は、まだ、技術的発展に貢献しうる研究が中心であるが、その関係を教育と養成、学習組織および機関の構造といった分野にまで拡げることが必要であることへの理解が高まってきている。同時に、学習内容の送達の柔軟化を基礎とする新たな取り決めが、共通の関心をもち相互に有益な交流を促進し、維持強化する実際的な仕組みとして役立つよう求められている。

58　私的および公的分野の組織は世界的な経済と政治の変化がもたらす影響にますますさらされることになるから、そのような環境で有能に働くことのできる雇用者は国際関係化された養成、研修および補習等を求めている。多くの文化を包み込み、広範囲な国際活動に参加する組織としての高等教育機関は、はっきりした国際的次元と全世界的な展望とをもつ、十分に力のある学習・教育環境を提供するにふさわしいものである。

59　グローバライゼイションの過程は、現代の人間資源の開発が高等専門職の技術者にたいする必要だけでなく、そこにふくまれる文化、環境、社会の諸問題への十全な理解の必要をもふくんでいるという根拠を、加えて提起している。高等教育機関にとって、社会における倫理的、道徳的価値を高めるうえでのその役割を強化し、将来の卒業生の間に能動的市民的参加精神を発達させることに注意を集中させることが高等教育機関にとって重要となってきている。また、学生の専門職業生活への準備と並行して、その人格的発達をいっそう強化する必要がある。そのような卒業生と学習内容にたいする要求は、高等教育における人文科学および芸術に新しい活力を与える機会をあらわすものであり、かつ多様な経済的、公的組織との連携協力の新しい機会を開くものである。

国家との関係および機関管理運営の基礎

60　高等教育と国家とのよく整理された関係を確立することは高等教育の変革と発展の過程にとって欠くことのできないものである。全般的規定や広い財政枠組みを明確にし、そのなかで高等教育機関がその任務を遂行できるようにするのは、主要には国家とその機関の責任である。この点で重要なのは国家の立法機能であ

り、とくに高等教育の制度的、経営的、機能的な多様化を考慮しての立法機能である。

61　高等教育と国家との間の関係の基礎となる諸原則を明確に認識することが、高等教育機関の管理運営における質と公共責任の前提である。個人的、集団的な権利と責任の集合として理解される**学問の自由**は、この点で主要なものである。それは、大学の自治の認識とともに、大学その他の高等教育機関を自由な探求の共同社会として保全するために不可欠である。多くの点で、高等教育機関が他の段階の教育機関および研究組織とは異なるとされるのはこれらの諸原則である。これは、外側からのモデルや原理の押しつけというものではなく、高等教育がある地域社会および全体としての社会に提供することのできる知識の普及や貢献の活動での前進のための一般的前提として理解されなければならない。

62　学問の自由の原則を高等教育機関の存在と正常な活動の必須条件として擁護する必要については近年の歴史が確固とした証拠を提起しているところである。したがって、**公的**および**認定された私立の高等教育機関**が関連しあい、社会におけるその創造的、熟慮的かつ批判的活動を実践しうるように、その双方に妥当な範囲の法定の機関自治が与えられなければならない。国家が教育機関の認可や質の評価といった制度全般にわたる多様な政策問題での全体の調整を確保する一方、機関の自治は相当かつ実際的なかたちで与えられなければならない。同時に、高等教育機関が国家および他の社会分野との結びつきと共同を築き上げ、社会にたいする公共責任を承認するよう、社会・経済の全環境が迫っている。

63　しかしながら、学問の自由と大学の自治の原則は、専門職としての怠慢や組織としての無能の隠れ蓑として使われてはならない。それどころか、この原則は、その倫理的関係をふくむ学術活動、財政問題、研究と教育の自己評価、効率と効果への不断の配慮といった諸問題についての責任の増大を含意するのである。他方で、とくに公立高等教育機関の場合、評価と質の査定は、外側からの過剰規制と同義にされてはならないし、あるいは公的財政支出を制限する手段として活用されてはならないのである。それは、高等教育に自己改善を確保させる装置として機能しなければならないのである。この複雑な政策環境の下で、国家と高等教育機関は双方ともに「緩衝組織」およびその他の集団的代表の制度的形式が果たす積極的役割を認識しなければならない。

64　高等教育の現状の分析によれば、そのいっそうの発展にたいする主な制約の一つが不十分な資源であることが一致して指摘されている。この財源の制約という問題は近い将来に打開できそうにないので、高等教育機関はこの課題に対処する方途を見つけださなければならないだろう。管理運営の弱点を取り除くことは、この過程の主要な課題である。したがって、管理運営の敏感かつ責任を自覚した組織にとって決定的な問題として、制度的、内容的資格認定をふくめての評価と質の問題を考えることは、公私の高等教育そのもののためなのである。

65　財政的にもまた運営の条件でも活力のある多くの高等教育の機関というのは月並みであることを排して、教育と研究、貢献活動の質を保障しうる機構と情報システムの一体化に成功している諸機関である。これらはまた、公的および私的分野からの財源獲得の競争で勝つ見込みのある教育機関でもある。

66　管理運営の改善の鍵は、その諸活動に関係する者の指導性と適（格）性への信頼である。このことは、その組織の機関、部局レベルでの適切な訓練、開発の備えを向上させることはもちろん、選抜および評価そのものを改善することをふくむ。同時にまた、政策形成への重要な知識の基盤と考えられるべき高等教育に関する研究をいっそう促進することをもふくむものである。

財政支出と経費負担責任

67　ほとんどすべての発達した国ぐにおよび疑いもなくすべての発展途上諸国が直面する主要問題は、公的予算の制約が大きくなると同時に、多様なかたちでの学習・教育活動を活用する社会的、個人的要求が高まることから起きる基本的ジレンマである。この状況は今日では、一方で国家と他方で高等教育機関および学術共同体との間の緊張関係の主要な原因である。高等教育は、公的財源から財政上の配慮を受けるために他の同業者と競争できることを示さなければならない。しかしながら、現在およびこれから予想される公的な財政支出の困難は、高等教育財政論議の唯一の関係状況とされてはならないのであって、いまこそ、高等教育拡充の負担を公的資源から私的資源に移すという見地からこれらの問題を議論すべきである。

68　現今の経済状態の下では、高等教育機関は、しばしば、その貢献諸活動に関して選択的な「経費回収」を頼りとしている。このような方策を採用する際には、

それぞれの人的・物的資源をより有効に活用する方法を同時に真剣に探求すべきである。たとえば、**授業料**の導入は、高等教育では微妙な問題であり、したがって、それが社会正義や社会移動、教育の平等、そして国家の教育、社会、財政諸政策全般といった多くの側面に関連するから、十分に注意して取り組まれなければならない。またこの問題は、学術上の能力別編成という関係の問題としても検討されなければならないのであり、それは、学生全体や管理、社会的評価にとって内的、外的に密接なかかわりをもつために、教育制度の前段階で現におこなわれている授業料徴収に影響をうけるのである。とりわけ、学費徴収には、奨学金の供与および貸与のかたちでそれを必要とする学生を支援する十分な規定を設けるような十全の配慮がなされなければならない。

69　特定の教育段階の「社会的価値」について狭く解釈された考え方に影響されて、高等教育の財政から国家の関与を切り離すという急進的な政策を適用することは、「経費回収」への極端な圧力となり、教育と研究、管理運営での「代わりの資金」と「内部効率利得」を要求することになる、という危険がある。もう一つの危険は、高等教育の諸機関がおこなう諸活動を「商品化」するいきすぎた要求である。この場合、学生の入学、学習内容、卒業および教育に関する基準の遵守が一般の懸念となり、また、高等教育施設、国家、社会一般の間での緊張の原因ともなるであろう。したがって、あらゆる高等教育施設は、その「設置者」の形式にかかわりなく、主として公共的機能を果たすことを要請されているのであるから、適切な認可と監視の過程をつうじて、これらの緊張を少なくする努力がなされなければならない。

70　高等教育の活動を評価する主な基準は、その教育と養成、研究、地域への貢献の質である。それゆえ、とくに、高等教育への資金供給に関しては、経済関係の自由化および起業家精神の助長と公的な社会政策の欠如とを混同しないことが重要である。また、機関の自治を与えることが、産業にたいしてその活動を過剰に契約したり、授業料その他の学費を導入ないし引き上げたりして自己資金をふやすことを機関に迫ることに代わる方針と解釈されてはならない。

71　結局、もしも大学またはその他の高等教育機関が社会における変革と前進にたいして重要な貢献をすることが期待されているとするならば、国家と社会一般は、高等教育を公的予算の重荷としてではなく、むしろ経済競争力や文化の発展、社

会的結合を増進する長期の国家的投資として理解しなければならない。これまた、費用分担の責任の問題が取り組まれなければならない枠組みでもある。結論として、**高等教育への公的支援は、その教育的、社会的、制度的使命を保障するうえで不可欠なものとして存続するのである。**

教授、学習の革新——内容と伝達の問題

72　持続可能な人間的発展のための課題の必要に応えるために、高等教育はその学習内容を適応させなければならず、必要なときはいつでも新しい学習内容をとりいれ、改善しなければならない。知識の爆発的増加は、高等教育の機関が提供する学習内容を数のうえで相当に増加させることになった。この爆発の一つの特徴は、多様な科学諸分野の相互依存性であり、**学際的、総合的**な学習内容を拡大し、伝達方法の効果を増大する必要があることは一般の合意となっている。学習・教授の革新をめざすとりくみはかかる発展を反映しなければならない。

73　この目標を達成するために、高等教育機関はその全般的任務における教育の位置を再評価し、この活動が現在もつ重要性をよりよく反映するような刺激を与えなければならない。同時に、高等教育機関は、商業および製造業の組織との、必ずしも形式的でなくてもよいが、数多くの結びつきを設定しなければならない。それらは、**新しい形態の高等教育**への進学の条件を改善し、それへの参加を容易にするうえで役立つことになる。伝統的学習で編成されていても、これら新しい形態は、伝統的な入学制度の枠にはまれない人びとのための高度の職業教育の課程を包み込むことができる。たとえば、新しい情報・通信技術の援助による学外での学習内容の展開とともにより柔軟な学習組織と資格賦与が用意されれば、農村地域の個人や社会にとっては入学が容易となるだろう。このことは、また、高等教育機関が**生涯学習**の一般的形態の出現にいっそう大きく参加しなければならないことを意味するものである。これは、高等教育機関とその社会的共同者との間の新しい種類の関係を設定することを要請することになる。それはまた、学習内容と養成、再訓練の必要について不断に分析をおこなうことを意味するものであり、学生の学術的内容の学習や教員の教授資格と関連して労働経験を十分に認定するための方法の確立を要請するだろう。

74　新しい高等教育の役割は最高水準の生涯学習の機会を提供するものとして明示される必要があろう。高度な養成と最新の知識・技能は、形式にとらわれずいっ

そう柔軟な方法で獲得されなければならない。教育の組織的構造を柔軟にすることは、知識創造活動と教育との間にある微妙な関係と調和していなければならないだけでなく、経済その他の部門からの専門家が高等教育機関で教えることを容易にしなければならない。経営の世界や政府組織、国際組織からの経験の豊かな人びとは、学習内容に新しい発想をもちこむことができよう。

75　学習と教授の革新の有効性は、知識がいかに伝えられるかにもかかわっている。情報・通信技術のソフトウエアとハードウエアの発達の影響が結びついて、いまや新しいタイプの教育サービスを促進する道が開かれてきた。この技術に基礎をおく学習環境は、キャンパス内の情報システムの全般的機能と同時に、教育実践の再考を要請する。学術社会に、とくに学生および教員に好意的に受けいれられるために、そして、学習・教授に十分有益であるために、情報技術の活用は、学習・教授および情報提供、とくに図書館のサービス改善をめざす教育機関の課題として、慎重に対処されなければならない。高等教育におけるこれら技術のいっそうの発展は、情報を利用する学術社会の必要と知的所有権の所有者の利益、とりわけ商業出版や情報交換に関係する人びとのそれとを調和させる、円満な解決を図ることにもかかっているのである。

76　高等教育機関は、通信技術の進歩がもたらす利益を大いに活用しなければならない。いまや、たとえば、かなりの伝統的学習内容を、その質をおとすことなしに通信学習に組み込むことができる。このような発展の結果として、通信教育と伝統的教育の区別はおぼろになってきている。とくに、伝統的学習構造という点での不利な状態を克服するために新しい顧客に門戸を開き、柔軟な戦略を創造するという点で、高等教育のための前向きの青写真でいよいよ成長力のある要素となってきたのが、代わりの送達システムである。公私の組織ならびに諸団体の協力がこの点で促進されなければならない。

77　新しい解決のためのこの探求において、多くの国の機関は、**知識モデュール**の展開をとおして伝統的な学習内容に代わるものを追求してきた。学習・教授の編成の枠組みとしてのモデュールカリキュラムの導入は、いっそうの探求と激励を与えることとなった。そこでは、学習カウンセリングのシステムの改善、多くの学部で使われる課程作成権および学期間配列についての適切な調整、学生への援助と個人指導サービス（とくに通信による教育において）、および学習認定の機

会と多様な学習形態と学習分野の間での教職員の移動などが必要となる。

78　国内および国際間での学習、修了証、学位の認定の相互のシステムは、この柔軟な制度を反映しなければならず、かつ、職業指導および職業資格を高めることを奨励するものでなければならない。同時に、モジュールシステムを採用することは、学習や修了証の国際的認定を容易にし、したがって学術上の柔軟性と移動の促進に有利でもあるということは明らかである。この分野における国際的協定、協力機構およびその実施は妥当でもあり、かつ不可欠であろう。

高等教育の研究機能の強化

79　いかなる高等教育の制度も、その教授陣および組織体のいくつかが――その特別な機関の目標、学術的可能性および物的資源に一致してだが――研究をもまた実施しなければ、その使命を十全に果たし、一般社会の活力ある共同者たりうることはできない。この言明は、高等教育が、他の研究組織と同様、公的支援をあらためて必要としているいま、特に繰り返す必要がある。社会は、人類が直面する複雑化した生態上、経済的、社会的、文化的諸問題を考慮して新しい目標を研究者が追究できるよう、彼らの科学的「信念」を回復しなければならない。

80　高等教育の研究機能もまた、最先端学術研究に従事する研究者の多様化を特徴とするようになった。高等教育機関、とくに発達した国ぐにのそれは、学術社会の外側の、多くの分野で、設備も優れ、予算も多い研究機関との強力な競争に直面している。他方、学術機関の研究に配分される公的資金はいっそう大きな行政的制限の対象とされてきている。そのような状況の下で、高等教育機関および研究者自身は、他の研究組織と競争してその能力を示し、資金供給の新しい方途に適応し、かつ研究における協力の新しい組織形態を編み出さなければならないのである。

81　短期的な達成の強調と予算制約の圧力は、知識の進歩と将来の科学者および産業研究者の養成のための固有の地位をもつ高等教育機関にとって、深刻な長期的結果を与えることになる。高等教育機関の研究部門は、経費はかかるが、知識と不断の技術的変革に基礎をおく全世界経済の関係における技能および発想の不可欠な源泉なのである。高等教育における研究の役割を社会一般、政府当局および経済諸団体に理解させる最善の方法は、納得のいく結果をとおして、研究とそれ

に関連する学習内容とその教授の学究的な質、経済的価値、人道主義的展望と文化的妥当性をはっきり示すことである。

82　それに伴う経費のために、多くの国ぐに、とりわけ深刻な経済困難に直面している国ぐにには、たとえ重要な研究活動がおこなわれ、かつ地方の必要にあった技術を発展させるうえで、高等教育機関が主要な場であり、発展途上諸国では唯一の場であるとしても、高等教育での研究への財政支出を削減する傾向がある。研究努力の意義を論理化することは、ときとして断片化しすぎるほどの研究計画を有効に調整し、かつ、意義ある研究をおこないうるセンターの**結合**および、ないしは**ネットワーク**を形成するよう、とりわけ発展途上の国でだが、多くの国ぐにおよび研究機関を激励しなければならない。

83　研究と結びつく諸活動の教育上の利益は、教育と研究の間の結合が常に直線的で形にあらわれるものではないこともあって、しばしば過小に評価されている。高等教育機関での研究は、学問的威信ないし経済的重要性の理由からだけでなく、知識の普及をふくむ学習、教育および社会貢献活動の全般的革新と発展の一部分として、取り組まれるべきことが重要である。したがって、研究者たるものは、その発見がどのように教育課程や再訓練計画の内容にふくまれることになるのかにも注意を向けなければならない。その教育上の価値のほかに、科学的研究課題への学生の参加は、集団の一員としての働き方や科学的研究が本来的にもつ規律の受けいれ方を学生に教えるのである。

84　科学は、数個の分野からの知識を必要とし、したがって研究者の学際的養成を要求する新しい諸問題にたえず直面している。共通の利益関係をもつ分野や、科学と技術、文化の間のすぐれた結びつきと共同の探求の数が急速に増加している。高等教育機関および、科学パークとか科学技術館といった斬新な組織的装置施設は、そのような試みに着手する適切な環境を提供するものである。

他段階の教育への高等教育の責任

85　前向きの教育展望、十全な教育政策というものは、教育制度を全体のものとして考慮しなければならない。したがって、高等教育のあらゆる改革は、それが他のすべての段階の教育と緊密な相互依存関係にあることを考慮しなければならない。

86　教育制度のこの不可欠の結合は、高等教育が、その前段階の教育でおこなわれた結果に依存しており、また初等・中等教育の教員の養成に責任を有しているという事実から生じる。さらに、新しい教育方法や教授・学習の教材の開発をふくんでの研究や革新が全体としての教育制度に応用される前に、高等教育機関で活動する人びとによってしばしば概念化され、開発され、試行されている。**高等教育は、全教育制度の革新において指導的役割を発揮する必要があるのである。**

87　高等教育と諸学校との間のより大きな結合へのもう一つの説得的主張は、初等、中等段階の教育および技術、職業学校での教育が、大学段階での養成の質と技能、とりわけ、学生の自主的学習と批判的思考の能力を発達させることをいっそう強く要請している、ということである。教える教科を十分に押さえるために現職研修の期間が必要である。教員の専門的力量向上におけるそのような役割を果たすことによって、高等教育は、教職の地位の向上に貢献することができるのである。

88　高等教育は、その前段階の教育とともに、科学諸団体やマスメディア等と協力して、科学を教育と文化にいっそうもちこむうえで、より大きな役割を負わなければならない。一つの方法は、実際上の技術能力を高め、また、より多くの若者、とくに女性が自然科学、技術、工学の学習を追求することの励ましとなるような「科学に親しむ」カリキュラムや活動を開発することであろう。

高等教育の質

89　高等教育の適切性を高めるという要求は、質を高めることへの一般の関心と緊密に結びついていかなければならない。高等教育の質というものは多次元の概念であって、それは、所与の制度の関連的背景、制度上の使命、所与の学科内の条件や基準などによってかなり決まってくるものである。これまで数年の間、高等教育の政策論は質への関心が支配的であった。高等教育の発展と改革におけるその意味合いからすれば、それが将来も続けられることを確信させる十分な理由がある。質は、その主要な機能と活動のすべてをふくむ。すなわち、教育、養成、研究の質であり、それは、その**教職員**および**内容**の質、そして教育と研究の結果としての**学習**の質を意味する。しかしながら、質の探求は多くの面をもち、ちがう内容の学術的役割の狭い解釈の範囲を超えるものだということが容認されなければならない。したがって、それは、**学生**の質そして**施設および学術環境**の質に関係する問題への留意をもふくむものである。これらすべての質に関係する問題

は、確かな管理運営への十分な関心に加えて、個別の機関がいかに機能するか、それはどう評価されるのか、そしてどのような「機関的イメージ」を学術社会と社会一般に提起できるのかという点で、重要な役割を果たすことになるのである。最後に、「質の評価」の主要な目的は、制度全体の改善はむろんのこと、機関の改善を達成することにあるということの指摘はきわめて重要である。

教授陣と内容の質

90 大学および他の大学レベルの機関をはじめとして多くの高等教育の施設が、国内および国際の場で当然の信望を享受している。この地位は、それら機関の過去および現在の教員や研究者の学問的卓越によって主として保障されている。それは、大学という世界の知的、道徳的権威において、また、大学の文化や学問的名声を保全し、広めるための、重要な要因の典型を示すものである。しかしながら、政府や政治家、財界代表そして社会が、高等教育施設をふくめて、あらゆる種類の公共機関の評価、質の査定および公共責任をいまとくに強く主張しているという認識を当然のこととみることは、高等教育にとっては適切ではないのである。

91 評価と質の査定の過程は、高等教育機関のさまざまな活動で教育と研究にたずさわる職員が中心的な役割を果たしているのだから、まず第一に彼らとともにはじめ、そして彼らを積極的にかかわらせなければならない。教育の評価に関係する問題で学生をふくむその他の者の参加は、評価と査定の分野に関係する役割分担者の役割を適切に認識して、組織されなければならない。

92 教授陣に関する政策とその実施は、とくに新規募集や昇進に関してそうだが、明白な学術的目標とはっきりした倫理基準とを固守することが肝要である。その決定は教育と研究の素質の承認にもとづかなければならない。かかる決定に責任を有する者は、評価と質の査定の結論を考慮しなければならず、かつ、教授学研修をふくめて、多様なかたちの現職教育と専門的開発計画とを準備しなければならない。査定と評価の承認は、それは自己評価といったかたちをとろうが、同僚の評価あるいは外部評価というかたちをとろうが、高等教育における教授陣の質の向上に関する政策全体のなかの重要な機構として理解されなければならない。しかしながら学術的活動での成功ないし失敗は、短期的な視野と利益を正当化するために利用されてはならない。

93 多くの理由から、高等教育の質の評価の問題は多大な注目を集めてきており、その技術はなお改善される必要があるにしても、いま、高等教育の政策上の課題となっている。この改善の必要という警告は、評価の方法がしばしば、学問分野ないし分野群の間の固有な相違を見落とすので、「質」および「生産性」という指標に関してはとくに適切なものである。

94 学術職員の質の分析は、教育・研究の革新のための必要条件の一つでなければならず、以下のような主要な問題をふくむ。すなわち、
——学術職員の作業負荷を構成する資源と仕事、つまり、教育、個別指導、研究、機関の管理、運営への参加、地域への貢献などの**仕事と資源の配分**の適正。
——上記諸活動に与えられる適切な財政上および金銭以外の報奨。
——高等教育に関する国内および、ないし機関の政策の不可欠の部分であり、かつ終身在職権と職の安定を得ようとする教員およびその団体の関心事である**職員の雇用と向上の政策、戦略、実行**。これは、終身在職権をふくむ学術職員の雇用、その授与手続き、昇進、退職、名誉教授の地位などに関する契約取り決めの諸問題を前面に押し出す。

95 高等教育の質の向上に必要とされる問題の解決は、財政諸問題のみならず、学問の自由と大学の自治の諸原則の尊重をもふくむ諸方策にみられる。しかしながら、これらの基本的諸原則は、必要な変革に反対の影響を与えるために、ないしは偏狭な協調主義的態度や特権の乱用の隠れ蓑として発動されてはならない。それは、結局、高等教育の制度と諸機関の活動の全面に否定的結果をもたらすものである。

学生の質

96 高等教育への参加は、もはや、特定の社会での社会的、経済的諸関係の反映ではけっしてないのである。それは、そのような諸関係の決定要因となっており、社会の全般的発展に影響を及ぼすものとなる。したがって、高等教育は、水平的職業移動と同時に、社会的な地位の向上を保障するうえで重要な役割を果たすことができる。公平化は、低い階層の集団の構成員に質の高い教育内容への参加のためのより大きな機会を与えることを要求する。高等教育での学習を追求する可能性の創出は、とりわけ若者にとって、教育的、社会的、経済的な多様な理由のために重要である。しかし、その可能性の創出は、とくに公的財政支出がふくま

れるときには全体としての社会の投資と結びついており、多くの国では、学習することが、学問的に資格のあるすべての人びとにとっての一般的権利となってはいないのである。

97　学生を社会にとっての大きな財産と考えることにはまったく正当な理由がある。しかしながら、高等教育が大量の学生を収容するようになるなかで、高等教育への進学をめぐるいくつかの基礎的諸問題について掘り下げて論議することが必要である。次の政策上の諸問題がいよいよ関連することになろう。すなわち、
　　――社会的公平の原則を貫くために社会はどんな機構を大衆的高等教育に与えることができるのか。
　　――大衆的高等教育でどのようにして質を維持することができるのか。

98　用意された答えがあるわけではないし、国家と高等教育機関はさまざまな解決策をとってきている。しかしながら、高等教育の学生の質は、第一に中等教育を修了し、さらに高等段階の学習を追求しようとする者の適性と動機づけにかかっており、それゆえ、高等教育と中等教育との間の連携について再検討する必要がある。

99　多様で多数の学生を収容するという問題に直面して、政策立案者および機関の双方がとった明らかな解決策は、教育内容と資格を多様化し、高等教育の連続の範囲で一連の入学、修了の単位を設定したことである。核となるような学部、大学院および教授陣の職能的向上の学習内容の存在は、その機関の全学生の全体的質を高めるための一方法としてあらわれてきている。

100　学生の質への関心は、留学生の特別な問題をふくめて、機関のレベルで学生にカウンセリングおよびオリエンテーションを用意し、実施することをふくむ。これは、機関の学術上の有効性の見地から適切であり、また、高等教育への公的財政支出に影響を与えるものである。

101　学生に関連する質の保障をめぐる一般の関心は、現代の社会が、公的、私的組織で適切な機能を遂行しうる、高い程度の教育を受け、動機づけられた人びとを必要としている、という事実からも生じている。それゆえ、社会は適切な高等教育制度を必要としており、資格のある学生に適切な刺激を進んで用意しなけれ

ばならない。同時に学生のあいだに、とくに公的支援の恩恵を受ける学生はそうだが、彼らの市民的責任の自覚を喚起することが重要である。

インフラおよび学術環境の質

102　教育・研究の質の向上の障害の一つは、高等教育機関の「物的学術環境」として広く表現されるものの状態であり、それは進入路からコンピュータネットワークおよびデータ処理設備までのすべてをふくんでいる。この環境の質は、機関の文化という関係においてもまた重要であり、それは、機関の一体性に重要性を与え、あるいは、学問的にも社会的にも多様化した建物やキャンパスを結合するものである。

103　この問題は、18歳から23歳の年齢集団の高等教育への参加が増えはじめていることを示すユネスコの見通しとの関係でとくに関連がある。2025年までにさらに3500万人の学生のための十分な場を準備することが必要とされる。この数字は、たとえば聴講生等の他のカテゴリーの学生をふくんでいないのであり、その部分の学生数はほとんどすべての国で増加しているのである。

104　高等教育のインフラを現代化し改善するための資本投資は、公私の地方や地域、全国的組織によって、それが経済関連のインフラの現代化のための全体的努力の不可欠かつ重要な一部を形成する「公共事業」であると考えられなければならない。この点で、同様に重要なのは高等教育機関の一部の施設が、学術社会と一般社会双方により市民的、文化的イベントやスポーツイベントにしばしば使われるという事実である。

105　特別な配慮が払われるべき一つの領域は図書館である。「図書館」という言葉は現代の学術機関で新しい意味をもつこととなった。いまや図書館は、教育・研究に関する図書や印刷物が定期的に収集され、目録がつくられ、保存される場所であるだけではない。それは、いよいよ、現代の学習、教育、研究が大きく頼りとする情報の供給者と利用者の間の相互作用のための神経中枢である。文書館や博物館と一緒に、図書館は、知識の貯蔵と保存、交流の物的な場であると同時にその知的場面でもあるのである。

106　高等教育機関のインフラの現代化を擁護することは、機関および学術の遺産

を保存することの重要性の放棄と解釈されてはならず、そこには、多くの場合、民族的、世界的な文化、建築の遺産の一部を代表する自然の財産や収集物がふくまれているのである。

107　高等教育の国際化の高まりは、何といっても第一に、学習・研究のグローバルな性質の反映である。この普遍的な関係は、現今の経済的、政治的統合の過程、異文化間理解の必要の高まり、そして現代の通信、消費市場等のグローバルな性格によって強められている。国際的な関係で学び、教え、研究し、生活し、通信をする学生、教師、研究者の数がとどまるところを知らず広がっていることは、この全般的な喜ばしい発展を証明するものである。

108　個人の移動の増加に加えて、われわれは、国境を越えた研究結合の強化、そして機関や大学教授、学生の間での多様な方式のネットワーク化その他連携の取り決めの著しい拡大を目の当たりにしている。情報・通信技術の着実な前進はこの過程を促進する。しかしながら、国際的な学術的関係についての誤った方向づけによって深刻な問題が生じている。知識の移転およびデータベースの利用は、常に教育問題に関係しているわけではないが、さまざまな逆の要因で深刻な影響を受けている。たとえば、高いレベルの養成と研究能力は地理的には不均衡に分布していることである。知識は普遍的であるから、その追求と進歩、普及は、国際的な学術共同体の集団的努力をつうじてのみ達成することができる。したがって学術生活の、機関の、そして科学協会や学生団体の固有の国際的重要性が生じる。国際協力は世界の学術共同体が共有する目的である。さらに、それは、高等教育機関の活動において質と効率性を保障するうえでの必須条件である。高等教育は、知識の開発、移転および共有において根本的な役割を獲得してきており、国際的な学術共同はその貢献を人間の可能性の完全な発展に向けなければならない。これは、科学・技術分野で国ぐにおよび地域の間の格差を縮め、平和の文化を前進させるため個人と人民間の理解を改善することを助けることになろう。

国際協力の原則と形態

109　国際協力は、真の協同と相互信頼、連帯にもとづかなければならない。それは、それに参加する機関および／ないし個人が、敏感に問題に対応しうるように柔軟な手順の行使ができなければならず、また、人間資源の開発のための全国、地域、地方の能力を高めることを目標としなければならない。だが近年、知的な人的資

源は、これがどんな長期的発展の戦略にとっても特別に重要なのだが、南から北への一方的な進行が続いてきている。とりわけ発展途上諸国との大学間協力を革新し、知識・技術のすみやかな移転をつくりだすだけでなく、学生や教職員、研究をその地方の教育機関にとどまらせるための刺激を促進しなければならない。このために、国際機関、政府間および非政府組織、高等教育に責任を負う当局、そして教育機関自身が、発展途上国の高等教育の機能回復に貢献し、外への頭脳流出の現象を縮小するような国際学術関係戦略の利点をいよいよ意識するようになってきているのである。さらに、高等教育機関は類似した一連の経験を比較しうる場合に実践上の価値をより多く共有することにしばしばなるのであるから、南・南の協同関係の重要性は、軽視されてはならないのである。

110　国際的な学術移動への参加は、地域化の手段に制限されてはならず、あるいは外国人の選抜ないし特定の施設での想定される威信高揚などの商業主義的手法で決定されてはならないということが重要である。また、多大な国際援助を必要とする国ぐにや高等教育機関での「外国から学ぶ」様式を刷新するための十分な余地がなければならない。

111　**高等教育での国際協力のための最も差し迫った必要は、発展途上国、とりわけ最後発国の教育機関の衰退過程を反転させることである。**高等教育が活動を展開するうえでの逆風的条件は、まず第一に、当該国家および教育機関による適切な手だてと努力を要請する。その地域と社会の開発努力において十分な役割を果たすため、社会との結合を強化し、より効果的、効率的に活動すべきことを国家も教育機関も学ばなければならない。大学施設を地域社会、社会一般の不可欠の部分としてみるかわりに、国家の制度機構の一部として理解するということは珍しいことではない。政策立案者およびその社会のすべてに大学施設を地域社会、社会一般の不可欠の部分とみるよう納得させることが重要である。

112　多くの発展途上国は、深刻な社会経済的、政治的諸問題に包囲されているので、高等教育におもいきった財源を振り向ける転換は容易ではないだろう。したがって、その教育制度や科学・技術能力を発展させるうえで特別の困難に直面するこれらの国ぐにの高等教育への援助は、国際的学術共同体および国際組織の責任である。

113 　高等教育の適切性と質、国際化をいっそう強化することをめざす問題解決の探求は、人間資源の開発、およびすべての段階と形式の教育の果たす役割の中心的な重要性についてあらためて集中的に考えることが要請される。その点で、国際国内の開発資金支出機関、非政府組織・財団、および学術社会全体は、発展途上国の高等教育機関への援助が、内発的能力形成の向上にとってはもちろん、教育制度の全般的発展にとっても重要なものであると考えなければならない。

114 　高等教育の発展のための国際協力をよりよく調整する必要についてもまた認識が高まろうとしている。国際援助計画はたいがいの場合、補足的なものであるから、しっかり計画され、一貫した実行協力によって強固にし、また拡張することができる。その利点は明らかである。すなわち、とりわけ現在と同様に手にすることが困難な場合、その資源の集中利用、重複の回避、企画のよりよい一体性および、集団的同意と再確認による妥当性と保障の高まり、等々である。いっそう重要なこととして、多方面な協力の枠組みは、とりあげるべき個々の課題を広く選択できるという利点があり、さらに高等教育の発展が輸入されたモデルに依存するという危険を少なくすることができる。

115 　特別な解決策を求める政策は、多くの地域、国、地方の諸問題の独自性への感覚から始まる。それはまた、知識は普遍的だがその適用は通常地方的であるということへの理解にも関連する。高等教育はその地域社会に依存し、かつそれに責任を負っている。この地方的存在が、大学その他の高等教育機関の貢献任務の不可欠の部分となる。しかし地方的適切性を発展させながら、高等教育機関は、社会全体にとって関係する多様な、科学、教育、文化の諸問題の解決を積極的に探求し、その国際的存在をも強固なものにしなければならないものである。

116 　質にたいする関心もまた、国際的計画と交流に広がる。国際学術協力をつうじる教育・研究の促進は、とくに長期的にみて「一方通行」を避けなければならないということを繰り返し言わねばならない。高等教育機関は、より大きな責任を負わなければならず、また「特権を与える」教育と学位授与のための機関相互間の取り決めには自制を示さなければならない。なぜならば、もしも内部および外部の質の評価の対象とならない場合、このことはその機関の学問上の地位を容易に危うくするからである。

117　高等教育における国際協力へのどのような先を見通した方法も、また、長期にわたる外への頭脳流出の問題にたいして、手直しを追求しなければならない。より広い国際知的交流は、高等教育の柔軟性と広がり、そして質を全体として改善することを奨励しなければならず、また、外への頭脳流出のいくつかの原因を直すことを援助しなければならない。とりかかりうる一歩としては、学生が外国の機関でその課程の一部を履修することの取り決め、その学習修了後帰国するよう送り出す国からその国民にあてた奨励、とくに発展途上国および中欧、東欧諸国の大学でだが、高等教育の機関での研究と図書館設備、科学のデータベースの手軽な利用、などがある。それぞれの国出身の大学教員や研究者を、ほんの暫定期間ではあってもその国にとどめるための十分な財政政策および人事政策もまた必要である。ぴたりとあう計画によって知識の急速な移転のための新しい形式を探求することは、外への頭脳流出の緩和に役立つもう一つの革新的でうまく管理された国際協力の一例である。

知識へのアクセス

118　世界の多様な地域にある学術機関の間の質的格差は、発達した国と発展途上国との間にある経済的社会的不均衡の直接の反映である。多くの発展途上の国ぐに、とりわけ最後発諸国の深刻な社会経済状況は、その高等教育制度に避けられない影響を与えてきた。しかし、今日の知識集約の世界においては、安定した高等教育の制度が、この傾向を逆にするすべての見込みにとっての中心である。そこで、問題は、このおくれた教育制度がおかれている悪循環からいかにして脱出することができるかということである。

119　重要な第一歩の一つは——それにたいしては関係する国ぐにや機関が第一義的責任を負わなければならないのだが——、機関の改革であり、とくに特定の必要への適応である。同時に、機関の発展への国際協力が、その利用を保障し、知識の移転を促進するうえで重要な役割を果たす。その職分のおかげで、高等教育機関は、知識の普遍的な普及をたしかなものとし、かつ世界中の同僚機関の発展を前進させるうえで先導的役割を負う準備を整えなければならない。この課題は、報酬と機会が不平等に分布している世界において、最近の発見への容易なアクセスにより、適切な学術移動により、そして世界諸地域の技術協力の増進によって、知識を共有するための諸機構が適切に構築されているかどうかを明らかにすることである。

120　知識へのアクセスは、高度な学習・研究のための自国の機関および計画を発展させる資源を欠く発展途上の国ぐにおいては、高等教育にとって追加的な重要性をもつ。それらの機関が、彼らを発達した国から引き離している格差を埋めることを助け、そうして外からの科学・技術援助への依存を少なくすることができるのは、地方の技能や能力の発展をつうじてであり、また、知識の供給者と利用者の数をふやすことをつうじてである。この努力において、多様なかたちでの国際学術協力への参加が高まることは、長期にわたる外側への頭脳流出にたいする防護を備えることになろう。多様なキャンパスをもつ国際高等教育機関のような事業は、とくにこれまで以上に探求の価値がある。

121　学術の世界においては、人間の活動の他の多くの分野と同様に、学術上の競争の促進が、これは知識の進歩にとって不可欠なのだが、学術的連帯の理念の見地から、学問的発見にたいする多くの接近側面をみることを妨げることがあってはならない。世界の学術共同体の構成員は、自分たちの個別機関の環境の質についてだけでなく、あらゆる高等教育と研究の質についても関心をもたなければならない。

122　卓越への切望はそれぞれの高等教育機関にとって不可避なものであるが、いずれもがすべての分野で最高の水準を獲得することを願うことはできない。このことから、ある個別の大学、とくに発展途上国の大学を取り残すことを防ぐために、そして国境を越える大学間の「課題の分担」をつうじて学術的卓越がいっそう容易に活用できるようにするために、大学間協力がますます重要となってきている。国際的な大学院および研究所の連動システムは、ある地域内の高等教育にとって重要な押し上げを提供することができるし、かつ南・南協力、とくにそのような取り決めが共通の利益を基礎とし、また財政的責任を十分に分担している場合、その協力の推進を援助することができるのである。

123　現代の技術の進歩は、このような研究機関を創り出し、機能させることをとくに有望と思わせている。それらは、学生や教師、研究者の伝統的な移動だけでなく、遠隔地や不便な土地の学生、教師、研究者が、卓越した機関の研究者を利用することを可能とする、一種の逆移動をもふくむよう、学術移動の考え方を拡大してきた。これは、電子ネットワーク、ビデオカセット、CD-ROMその他新通信形態をつうじて可能となったものである。これらの新しい技術は、発展途上

国の高等教育機関で働く研究者が研究成果の普及の問題に取り組むことを可能に
するものでもなければならないのである。

V　高等教育の変革と発展——ユネスコの役割

124　国際協力をとおしての高等教育の発展と研究の推進は1946年の創設以来、ユ
ネスコの主要な活動の分野であった。教育、科学、文化、通信のための国際連合
の専門機関として、ユネスコは、第二次世界大戦の終結にあたって知的、科学的
社会のなかに広く存在する連帯の精神にその起源をおいている。さまざまな高等
教育機関、とくに大学は、その協力の努力をつくりあげるうえで指導的な役割を
果たした。したがって、ある意味では、それらの機関はすべて、ユネスコの母校
とも考えられる。そのうえ、教育、養成、研究、地域への貢献活動をつうじて、
高等教育機関は、ユネスコの権能に属する分野そのものを包含しており、した
がって、活動においてはユネスコの主要な共同者のなかにはいっているのである。

125　ジョムティエン会議の期間中繰り返された**すべての者への基礎教育**の達成は、
教育の分野でのユネスコの優先課題である。それは、**すべての段階**の教育の革新
と前進にかかわる関係者および全体としての教育制度の改革要求とともに前進す
る。この点に関して、高等教育は重要な役割を果たしている。なぜなら他のすべ
ての段階の教育の進歩の条件を創り出すのは高等教育の質と適切性の向上である
からである。高等教育は、教員その他の教育職員の養成に責任を有するのみなら
ず、教育課程改革や教授法、教材の開発と同じくこの分野で政策決定をおこなう
基礎としても教育研究を進めるという任務をも有するのである。高等教育と他の
段階の教育との結合、科学・技術の発展との連結、そして持続可能な人間的発展
の基礎的要素としてのその役割の認識から、ユネスコはその活動計画において**高
等教育を優先分野**としてきた。

126　高等教育のいっそうの発展にたいするユネスコの役割の焦点の一つは、発展
途上諸国の高等教育機関の設立、強化への貢献をつづけてきたことである。この
課題は今日とくに緊急なものであり、発展途上諸国が発達した国ぐにから引き離
されている知識の格差を克服し、高等教育と科学の発展への積極的な参加の能力
を高めることを援助するために、何よりもまずユネスコの努力を途上諸国に向け
たことは、ユネスコの運営理事会が繰り返し強調しているように、ユネスコの使

命に即したものである。

127　高等教育が直面する諸課題の分析とこの分野でユネスコが得た国際的経験により、次のような事柄をこれからの活動の指針として確認することができる。すなわち、

——高等教育への進学と参加の拡大。

——より広い財政基盤の確保のため、すべての投資者の全世界的動員により、高等教育をふくむ教育への投資の拡大。

——国際的、地域的、国内的および地域社会のそれぞれの段階で、変化する世界の諸課題へのとりくみによって高等教育の適切性を高めること。

——そのすべての活動で、その活動に参加するすべての人びとについて、高等教育の質を向上すること。

——高等教育における研究の役割の促進。

——学問の自由と大学の自治の促進。

——高等教育における国際協力の拡大、および学術連帯の精神でその協力に方向感覚を与えること。

アクセスと参加の拡充

128　1960年にユネスコで採択された教育における差別撤廃条約は、「初等教育を無償かつ義務制とすること、多様な形態の中等教育をすべての者が利用可能、進学可能なものとすること、高等教育を個人の能力を基礎としてすべての者にたいして平等に利用可能なものにすること」を各締約国に促している。1989年に国際連合が採択した子どもの権利に関する条約は、また「高等教育はあらゆる適切な手段により、能力を基礎として、すべての者に利用可能でなければならない」ことを強調した。これらの国際的に合意された原則に歩調を合わせ、また高等教育への進学の不均衡を考えれば、ユネスコは、高等教育の発展と変革をめぐるその課題と活動において進学の拡大を促し続けるであろう。

129　高等教育への参加を拡大し、進学の平等を保障するという原則は、ユネスコの総会、国際教育会議、およびその主催の下に開かれた地域文部大臣会議で、定期的に追認されてきている。この方針は、ユネスコが高等教育におけるその共同者とともに開催した多様な会議においても支持を得てきた。それは、とりわけ発展途上国の状況および高等教育への女性の参加に関しての分析と研究で促進され

てきている。進学増への圧力は、多くの国および地域、とりわけ教職員や財政や支援といった点で必要とされる投入量を得ることが困難なところでは、主要な課題である。それゆえ、ユネスコはこの問題を正当に留意していくことになろう。

より広い資源の探求

130　ユネスコの見解では、資源の不足のなかで高等教育からの高まる要求と期待に応えるという中心問題は、高等教育への投資を増強するためのあらゆる関係者および投資者の総動員を必要とする。ユネスコはまた、以下のことをも強調する。すなわち、

　——高等教育を重要な社会投資として認識し、したがって、公的資金から十分に配分すること。

　——財界、地域社会、父母、学生および国際社会をふくめ、直接または間接的に高等教育の恩恵にあずかるすべての人びとの参加にもとづいて、財政支援の新しい途を真剣に探求すること。

131　資源の基盤の拡大とともに、その費用効率性を高めようとする高等教育機関自身の系統的な努力が同時に取り組まれなければならない。したがってユネスコは、他の国際機関および全体としての高等教育社会と協調して、高等教育への公的支援の拡大を引き続き強力に推し進めるであろう。同時に、ユネスコは多様な費用分担や学生支援計画、経費回収政策等をめぐる国内的、国際的経験を追跡し、それらが進学や参加の公正、持続可能な機関財政にもつ長期的な意味を検証するであろう。

適切性と質の振興

132　ユネスコは、同時的に生じている諸動向と世界規模の課題が、実際にあらゆる国および地域で高等教育とその教育機関を再検討し、改革することを必要としていることに留意する。量的な成長は世界全体で均一ではない。しかし、学生と教育機関の数がともに著しく増大したことで高等教育の「大衆化」と呼ばれることへの適切な対応が求められている。数量の増大は、どんな教育改革でも基礎的な構成要素となる政策と構造、内容の調整を要請する。経済、社会、文化、科学の分野をふくんで、社会が高等教育に提起するますます多様な要求についても同様である。高等教育が不可欠の役割を担う知識の進歩、生産、普及、応用における大きな変化もまた、革新と改革を求めている。科学的諸活動が未曾有の速さで

拡大していることも、教育課程と内容の現代化や組織構造のより大きな柔軟性、そして科学諸活動の経済的、倫理的側面へのよりよい理解を求めている。教育科学の前進と学習過程に関する理解の進展もまた、高等教育の変革と革新を助けることになる。

133　ユネスコは、これらの発展を注意深く追求し、高等教育の改革と発展に貢献をしつづけるものである。しかしながら、そのことは、高等教育の発展と活動にたいして、できあいの案を作成したり、あるいは特定のモデルを押しつけたりすることを意図するものではない。これは、あらゆる投資者と高等教育機関、そして学生をふくんでの学術社会のすべてと共同に活動する各国およびその政府の特権なのである。

134　高等教育の変革と発展を推進する集団的努力におけるユネスコの主要な役割の一つは、政策や政策決定に関連する**高等教育の情報や経験の交流を促進し、かつそれに関する研究を促進する**ことである。一種の情報センターとして活動することによって、ユネスコは、高等教育に関する資料と分析の提供、変化と動向の追跡によって、見識のある政策決定のための必要条件に応えることができる。したがってユネスコは、国際教育分類基準（ISCED）の精査をふくめて、活気のある高等教育と科学の統計、指標を発展させるために、従来の共同者と協力してその活動を促進する。さらに、隔年に出される世界教育レポートと世界科学レポートをつうじて、一方で知識の活用とその移転をふくむ差し迫った課題を明らかにしつつ、高等教育と科学の分野での発展を追跡する。

135　ユネスコは、高等教育の機関と制度の**多様性**を維持し、推進するための活動を続けるが、それは、ユネスコがそれを学術生活全般の重要な財産と考え、知識の発展、そして国内的、地方的文化の一体性の保全の前提と考えているからである。この方針は、自国の高等教育に外国のモデルを無批判に適用することが、一国の学術と知識の発展をいかに害することになるかを実証している経験によって強められている。もっとも活力のある高等教育の制度が、知識の**普遍性**と社会、経済、文化要求の固有性との反映として、統一性と多様性との間の正しい均衡を示す制度であることは歴史の示すところである。

136　高等教育の**多様性、適切性、質**への要求に応えるという責務から、ユネスコは、

この分野での活動の計画を、欧州高等教育センター（CEPES）やラテンアメリカ・カリブ海地域高等教育センター（CRESALC）といった地域センターに継続的に分散させてきている。この方針はひきつづき推進される。ユネスコは、管理運営の改善および質の強化を直接にめざす諸活動にはもちろん、各国の政府と高等教育に責任を有する当局とにたいする技術的、知的援助をも強化する。高等教育の体系的、国内および国際的な発展の必要を強調しながら、ユネスコは機関の発展にたいしてもまた正当に留意する。高等教育とその経済上の共同者との間の協力の重要性を認識して、ユネスコは、とくに大学・産業・科学共同計画（UNISPAR）といった活動を推進することになる。

137　ユネスコが高等教育にふくまれるすべての共同者との関係を基礎づけている諸原則の一つは**学問の自由と大学の自治**の尊重である。これは経験から引き出されたものであり、これら二つの原則を固守することは高等教育機関が正常に活動するうえでも改革が成功するうえでも前提であるという信念に由来するものである。学術共同体からの訴えに応えて、ユネスコは、学問の自由と高等教育機関の自治に関する国際的に認められた諸原則と慣行の発展、および全世界的に採択された基準に従って、**高等教育教員の地位**の向上をひきつづき援助するものである。

国際協力の拡大

138　「教育、科学および文化の分野で活動する人びとの国際交流……を奨励することにより……知識を維持し、増進し、かつ、普及すること」という憲章上の使命に従って、ユネスコは、高等教育の分野での世界的、地域的、かつ地域間的な協力の強化をめざす諸活動にひきつづき優先順位を与えることになろう。この目標の実施における主要な共同者は、加盟各国とその他の国際政府機関、高等教育機関および非政府組織（NGO）であり、将来もそうでありつづけるであろう。

139　この政策文書でさきに高等教育の国際化の分析で主要な動向と発展を明らかにしたが、それは現に進行中の社会的、経済的、文化的な課題と結びついてさらに国際的な学術協力の水準と形態に影響を与えてきたものもある。高等教育の分野ではよりいっそうの国際協力の明白な必要がある。ユネスコの対応は、一連の組織的な手だてと、教育、科学、文化、通信の分野でのその活動計画全体に拡がった新しいとりくみと活動というかたちでおこなわれてきている。

140　ユネスコは、教育、科学、文化、通信の分野での地域的、国際的協力を推進するうえで積極的役割を果たしている非政府組織（NGO）と緊密に協力し、その支援を続けるであろう。これらNGOの大部分は学術、科学および専門職の団体である。1988年、ユネスコは、高等教育の方向づけでユネスコを援助すると同時にその実行にも参加する、高等教育に特化したNGOの集団協議を設置した。協力の精神を増進するうえでの非政府組織の役割を認識し、ユネスコはこの協同関係をさらに強化することを計画している。

141　ユネスコは、ある国ぐにでの教育・研究の一般的条件の悪化、したがって高等教育機関の衰退が、現代の技術と新しい知識を吸収する能力という点で、工業諸国と発展途上国との間で格差を拡大していることを憂慮している。このような不均衡が持続することは、現在および将来の世界的規模での諸課題に対処する彼らの能力を損なうことである。それゆえに、国際的な協力と援助がこの状況を正し、または逆にすることができるような、学術共同体のこれらの構成員を支援するためのかつてない努力が必要である。ユネスコはさきに述べた見地でこの計画に優先権を設置することになろう。

142　国際協力に関する新しい条件と期待は、新しいより効果的な方法を必要とする。ユネスコが1991年の第26回総会で、その部門横断的活動計画として**姉妹大学／ユネスコ研修員計画**（UNITWIN/UNESCO　chairs programme）を発足させることを決定したのは、このことを念頭においてであった。この計画は、発展途上国および中欧、東欧の高等教育機関への支援をとくに強調しての学術協力の強化を目的とするものである。

143　この計画は、**機関の開発を推進し、資源を共有し、さらに教職員や学生はむろん、専門的技術や経験をも交流しよう**という目的の下に、地域相互間、地域内そして分割地域内の各レベルでの高等教育諸機関の間のネットワーク結合を発展させるべく立案されたものである。それは、世界中の高等教育と科学の諸機関の間に強固な永続的結合をつくりだす過程を動かしはじめるのに必要とされる学術連帯の精神にもとづくものである。学術的見地からすれば、この計画は、持続可能な人間的発展に直接関係をもつ分野で革新的、学際的な教育と養成、研究の計画を推進、強化しようと意図したものであり、そこでの内容は人口問題、環境、科学・技術、紛争の解決、平和、人権、民主主義といった問題をふくむものであ

る。これに関連して、この計画は、政策関連社会調査の国際比較の推進を目的とする社会変容の管理（MOST）と呼ばれるユネスコの最近のとりくみを考慮にいれることになろう。

144　この姉妹大学／ユネスコ研修員計画は、柔軟な活動形態を必要とする広範な諸活動を包含する。**ネットワークとユネスコ研修員**という密接に関連し相互依存的な二つのタイプの活動が、実行の主な手段として提起されている。長期的目標は、ユネスコ研修員の間での協力が、国内および分割地域内および機関のレベルで高度の資格をもつ専門家を養成することに役立ち、特定分野での**高度な学習・研究機関**と結合したネットワークの創出にいたることなのである。

145　この計画は、それが十分な監視と再検討はむろん、相当の資源を必要とするという事実を十分に承知をしてつくられたものである。ユネスコは、各国政府、政府間機関、寄付者機関、公私の諸部門および高等教育機関等と緊密に協力して、この計画への組織的、財政的な支援をひきつづき求めていく。また、ユネスコは、その他の国際学術協力に関係するすべてのその諸活動の実施において、斬新な、費用効率の高いあり方にも綿密に配慮をしていく。この点に関して、国連のボランティア計画の形態にならって、**大学ボランティア**計画の設立の可能性が追求される。

146　ユネスコは、**学習と資格の承認**の問題をとおして、高等教育での国際協力の発展と推進に長期にわたってかかわってきた。この20年の間にユネスコの後援によって、学習と卒業資格、学位の承認に関する五つの地域条約が採択されてきたが、それはここのかかわりを証明するものである。すなわち、ラテンアメリカとカリブ海地域（1974年）、アラブ諸国（1978年）、欧州地域（1979年）、アフリカ諸国（1981年）、アジア・太平洋（1983年）である。アラブ・欧州地中海域諸国の高等教育における学習、卒業資格、学位の承認に関する国際条約が1976年に採択された。高等教育における学習と資格の承認に関する国際勧告が1993年、第27回ユネスコ総会で採択された。かくして、学術協力のとりくみにも役立つ全世界的な枠組みがつくりだされている。現在進行中の経済的、文化的、政治的な統合の過程は、これら諸条約の実施とかみあう諸活動を考慮しなければならない。

147　これらの基準設定文書の実際的意味は、その規定の適用を追跡し、推進する

課題を委任された地域委員会と国内機関によっておこなわれる有効な諸活動にかかっている。したがって、ユネスコは、これら機関の活動を援助し、かつ、学習内容と学位の評価や、データベースの開発、国内認可機構の強化への援助、そして『国外留学』、『世界高等教育案内』の出版などをつうじて多様なかたちでの学生と教職員の流動性をひきつづき推進することになる。

Ⅵ 高等教育の革新のために──「革新的大学」と「新しい学術責任」

148 この政策文書で提唱されたのは高等教育の展望であり、それは、高等教育が現在および将来の社会の最も重要な構成部分の一つであることを認識し、したがってその教育と学習、研究および貢献諸活動の革新を、そして究極的には高等教育機関自体の革新を要求するものである。と同時に、全世界的、地域的、国内的、地方的諸問題の複雑さと相互関連性および妥当性というものは、それへ反動的にのみ取り組むなら、とくにそのような立場を長期にわたってとる機関が、逆に社会から取り残される危険にさらされるほどのものである。ユネスコは、高等教育の革新という理念への忠誠を誓約しているので、あらゆる前向きの高等教育の制度と機関は、「**革新的大学**」として最もよく表現しうる広大な展望を念頭におき、それぞれの任務をつくりあげなければならないことを重要なことと考えるのである。

149 「革新的大学」のこの展望は、高等教育分野でのユネスコの活動の発展ととりくみを導くものともなる。あらゆる投資者の参加を必要とするこのとりくみの目標は、あらゆる高等教育の機関を、学生が、広範な市民的、専門的役割と活動において効率的かつ効果的に活動できるように、高度の養成をおこなう場に変えることである。同時に、そこには次のような多くの多様な、今日的かつ専門技術的な課題がふくまれる。すなわち、

　──社会的平等の保障を正当に考慮しつつ、もっぱらその計画への能動的参加の能力と知的優秀さを基礎として利用可能となる場。

　──知識の探求と創造、普及、科学の前進に最大限従事し、そして技術上の革新と発明の前進に参加する共同社会。

　──とくにその将来の卒業生の心のなかに、知識探求の責任と、養成は社会発展への貢献であるとする責任感とを教え込むところの、質と知識だけに基礎をおく学習の場。

———機関の実践と文化の一部として知識と資格の更新および向上のために帰って
くることを歓迎する場。

———その地域および国の経済的進歩をめざす産業およびサービス部門との協力が
奨励され、積極的に支援される共同社会。

———重要な地方的、地域的、国内的、国際的な諸問題と解決が学問的批判精神で
明らかにされ、論議され、取り組まれて、社会的、文化的、知的進歩に関す
る議論に市民の積極的な参加が奨励される場。

———政府およびその他公共機関が、あらゆるレベルでの政策決定にますます必要
となってきている科学的で信頼できる情報を求めていき、かつ、政策決定過
程への一般の参加をも推進する、そのような場。

———その構成員が、学問の自由の原則に十全に献身して、真理の追求、人権と民
主主義、社会正義と寛容の擁護と増進の活動に自身の地域社会および世界中
で参加し、かつ、真に参加型市民の教育および平和の文化の構築に参加する
ような共同社会。

———それに伴う脅威と可能性をすべてもち世界的背景で十分に配置され、各地域
および各国ぐにのきわだった特徴としての今日の生活のリズムに適合した機
関。

150　この「革新的大学」の広大な展望は、特定の高等教育機関や地域社会、国、
地域の必要な条件、可能性に適合する特定の機関のモデルと実際を探求する過程
で創造的に適合されることを含意するものである。かかる高等教育の発展と変革
の探求は、現在の社会の変化という広範な過程の不可欠の部分としても考えられ
なければならない。高等教育制度の革新を実施する実際の形と方法への責任はそ
れぞれの国とその学術社会にあるが、しかし、急速に変化する世界においては、
いかなる国も、国際的な事件や発展の影響からまぬがれていると考えるわけには
いかないのである。

151　この文書で詳述された高等教育の変革と発展の全体を締めくくる目標として、
ユネスコは、すべての加盟国で、高等教育を、現在および将来の持続可能な人間
的発展の必要に対応するためによりよい位置に据える新しい「**学術契約**」の出現
を期待するものである。

【ユネスコ文書】

高等教育の教育職員の地位に関する勧告

Recommendation concerning the Status of Higher-Education Teaching Personnel

採択 1997年11月11日 ユネスコ第29回総会

前　文

　国際連合教育科学文化機関（ユネスコ）の総会は、1997年10月21日から11月21日までパリにおいてその第29回会期として会合し、

　世界人権宣言（1948年）の第26条を実現する際にすべての人びとに教育を保障するうえでの諸国家の責任を自覚し、

　とくに、経済的、社会的および文化的権利に関する国際規約（1966年）第13条2(C)節の実現における高等教育を保障するうえでの国家の責任を想起し、

　高等教育および研究が、知識の追求と進展および伝達における手段であり、かつ非常に貴重な文化的、学術的資産を構成するものであることを自覚し、

　政府および学生や企業、労働者のような重要な社会集団は、高等教育制度の活動と成果に死活的利害関係をもち、かつ恩恵を受けるものであることをもまた自覚し、

　高等教育の進展における教育職員の決定的役割と、人類および現代社会の発展にたいする彼らの貢献の重要性とを認識し、

　高等教育の教育職員は、他のすべての市民と同様に、すべての人びとの文化的、経済的、社会的、市民的および政治的権利が社会において遵守されるよう努力することが要請されていることを確信し、

　高等教育を社会的、経済的変化に対応して新しく発展させることが必要であり、この過程に教育職員の参加が要請されていることを自覚し、

　学問の自由を掘り崩しかねない質の悪い政治的圧力によって学術の社会が傷つきやすいことに関心を表明し、

　教育および教育研究への権利は、高等教育機関での学問の自由と自治の雰囲気のなかでのみ十分に享受することができること、そして、発見や仮説および見解の自

由な交流こそが、高等教育の中心に存在し、かつ学問および研究の正確さと客観性を最も強固に保障するものであることを考慮し、

　高等教育の教育職員がこの役割にふさわしい地位を享受することを保障することに関心をもち、

　世界における文化の多様性を認識し、

　異なった国ぐにおいて、高等教育の形態や組織を決定する法や規則、慣行および伝統が多様であることを考慮し、

　とくに公務関係の規則が適用されるか否かによって、それぞれの国における高等教育の教育職員に適用される取り決めが多様であることに留意し、

　にもかかわらず、高等教育の教育職員の地位に関してあらゆる国で同じような問題が起きており、これらの諸問題は共通する打開方法の採用を求めており、かつ、適用しうる限りでこの勧告を制定する目的である共通の基準の適用を必要としていることを確信し、

　教員の地位に関する勧告（1966年）、科学研究者の地位に関するユネスコ勧告（1974年）、そして、結社の自由および団結権、団体交渉権、機会均等および均等待遇に関する国際労働機関の文書はもちろんのこと、ユネスコが、教育におけるいかなる形態の差別をも禁止するだけでなく、与えられた条件下をふくむあらゆる段階の教育における機会と取り扱いの平等を推進する責務をもつことを確認した教育における差別に反対するユネスコ条約（1960年）等の文書を銘記し、

　付表に掲げられている国際諸基準にふくまれる現行の諸条約や規約、勧告を、高等教育機関およびその教員や研究者にとくに関係する諸問題についての諸規定によって補強することを希求して、

　本勧告を、1997年11月11日に採択する。

I 定 義

1 この勧告において

(a)「高等教育」(higher education) とは、国の所管官庁および／ないしは大学認可機関によって高等教育機関として認可された大学その他の教育施設が提供する中等教育後の段階の学習、教育ないし研究の諸課程をいう。

(b)「研究」(research) とは、高等教育に関して、当該問題の性質および状態によって技術や方法が異なり、問題の解明および／ないし解決に向けられた、慎重かつ批判的で分野別の探求をふくみ、かつ、機関内で適切な組織によって支持される、独創的な科学、技術学・工学、医学、文化学、社会科学および人文科学ないし教育研究をいう。

(c)「学問」(scholarship) とは、高等教育の教育職員がその研究主題を情況に合致させ、学術出版に従事し、その業績を普及し、かつそれぞれの学問分野での教員としての教授学的技術を改善し、その学術的信頼を向上させていく過程をいう。

(d)「開放業務」(extension work) とは、その機関の使命と矛盾しない限りにおいて、教育機関の資源が、その守備範囲をこえて、国内あるいはその機関の学区的と考えられる地域内での広範多様な地域社会に役立つことを拡大する活動をいう。教育活動としては、夜間授業や短期課程、セミナー、講習会などによる校外の生涯教育および通信教育等広範な活動がふくまれる。研究活動としては、公共分野、私的分野、非営利団体等にたいして、さまざまな相談活動および応用研究への参加、研究成果を与えることなどにより、専門知識を供与することになる。

(e)「高等教育機関」(institutions of higher education) とは、大学、その他高等教育の施設やセンター、建造物、および公私立のそれらの施設等と結びついた研究・文化センターをいう。それらは公認された認可機関ないし国の所管官庁によって認可されたものを指す。

(f)「高等教育の教育職員」(higher-education teaching personnel) とは、高等教育の教育機関ないし課程において、教授し、かつ／または学問かつ／または研究に携わり、かつ／または学生あるいは地域社会一般にたいする教育活動をおこなうすべての人員をいう。

II　適用範囲

2　この勧告は、すべての高等教育の教育職員に適用する。

III　指導原則

3　加盟各国および国際連合により追求される国際平和と国際理解、国際協力ならびに持続可能な開発という全世界的な目標は、責任を自覚した市民として地域社会に奉仕し、かつ効果的な学術および高度の研究に取り組みうる資質と教養とを備えた高等教育機関の卒業者、そして結果として才能と高度の適性をもつ高等教育の教育職員を必要とすることはもちろん、同時に、とりわけユネスコが規定するところの平和をめざす教育、平和の文化における教育を必要とする。

4　高等教育機関およびとくに大学は、伝統的な知識と文化について自由に自分の意見をもち、広め、表現し、かつ既成の教義に拘束されることなく新しい知識を追求する、そのような学者の共同体である。新しい知識の追求とその応用は、そうした高等教育機関に授任された権限の核心部分である。独創的研究が要請されていない高等教育機関においては、教育職員は学問と教育方法の改善によってその教科に関する知識を維持し、発展させなければならない。

5　高等教育と学問および研究の発展は、人的および物的社会基盤と資源に大きく依存するものであり、かつ高等教育の教育職員の学問の自由、職能的責任、同僚間の協同および機関の自治に支えられた人間的、教育学的および技術的な資質はもちろんのこと、その資格と専門知識にも大きく依存する。

6　高等教育の教育職は専門職である。すなわち、それは、高等教育の教育職員に、生涯にわたる厳しい勉学と研究をつうじて獲得され維持される専門家としての知識と特別な技能を要求する公共的業務である。またそれは、学生および社会一般の教育と福祉にたいする個人的、機関的責任感、および学問と研究における高度に専門的な水準への社会的責任を要求するものである。

7　高等教育の教育職員の労働条件は、効果的な教育、学問、研究および大学開放

を最高に推進でき、かつ、その専門的業務の遂行を可能にするものでなければならない。

8　高等教育の教育職員を代表する団体は、教育の進歩に大きく貢献することができ、したがって、理事者その他のかかわりのある団体とともに、高等教育の政策決定にふくまれるべき勢力としてみなされ、かつ認識されなければならない。

9　国際的基準と同時に国内法規や慣行に従って、加盟各国の高等教育機関の制度の多様性が考慮されなければならない。

IV　教育目的および教育政策

10　国の全般的計画、とくに高等教育の計画立案のあらゆる適切な段階において、加盟各国は、以下のことを保障するあらゆる必要な措置をとらなければならない。
(a)　高等教育は、人間の発達および社会の進歩をめざすものであること。
(b)　高等教育は、生涯学習の諸目標の達成およびその他の形態と段階の教育の発展に寄与すること。
(c)　公的資金が高等教育に支出される場合、その資金は公的投資の一形態として扱われ、効果的な公的責任に支配されること。
(d)　高等教育の財政支出は、公的投資の一形態として扱われ、その収益は、多くの場合、必然的に長期的であって、政府および公共の優先順位に従うものであること。
(e)　公的支出の正当化は常に公の意見によってなされること。

11　高等教育の教育職員は、物事の多様な面を反映した最新の蔵書を備え、かつその所有物が検閲その他の形態の知的介入を受けることのない図書館を利用できなければならない。また、教育職員は、検閲されることなく、教育と学問および研究に必要とする国際コンピュータシステム、衛星プログラムおよびデータベースを利用することができなければならない。

12　高等教育の教育職員によって得られた研究成果の出版および普及は、科学、技術、教育および文化全般の進歩を促進するうえからはもちろん、教育職員が受けるに値する評価の獲得を支援するためにも、奨励かつ促進されなければならない。

この目的のために、高等教育の教育職員は、彼ら自身の選択と名前のもとに、書籍および学術誌、データベース等の著者ないし共著者であるという条件で、研究および学術の成果を自由に出版できなければならない。高等教育の教育職員の知的財産は適切な法的保護、とりわけ国内および国際の著作権法が認める保護の利益を受けるべきである。

13　世界中の高等教育の教育職員の間での見解や情報の相互交流活動は、高等教育および研究の健全な発展にとってきわめて重要であり、積極的に促進されなければならない。この目的のために、高等教育の教育職員は、その職歴をつうじて、高等教育または研究に関する国際会合へ参加でき、そして政治的制限なしに海外渡航ができ、さらにその目的のためにインターネットやテレビ会議を活用することができなければならない。

14　シンポジウムやセミナー、共同研究等の組織化をふくむ、国内および国際の、高等教育機関相互間の教育職員の最も広い交流、および教育と研究の情報の交流を規定する諸計画が発展させられ、かつ奨励されなければならない。科学者および研究者相互間ではもちろん、大学や研究機関および学術団体の間での通信および直接的な接触が、たとえば他国からの高等教育の教育職員が公立公文書館や図書館、研究機関および類似の施設等にある情報資料を自由に利用できなければならないといったように、促進されなければならない。

15　しかしながら、加盟国および高等教育機関は、発展途上国とりわけ後発発展途上国からの高等教育の教育職員の集団的流出を自覚しなければならない。したがって、発展途上国が高等教育の教育職員の十分な労働条件を提供する学術環境を持続させ、この流出が押えられ、最終的に逆になるような支援計画を、加盟国等は促進しなければならない。

16　他国からの高等教育教育職の業務にたいする学位および修了証の承認のための公正かつ妥当な国の政策および慣行は、1993年の「高等教育における研究および資格の承認に関するユネスコ勧告」に沿って設定されなければならない。

V　教育機関の権利と義務および責任

A　教育機関の自治

17　学問の自由の適正な享受と以下に列挙するような義務および責任の遂行は高等教育機関の自治を要求する。自治とは、公的責任、とりわけ国家による財政支出への責任の体系に沿った、学術的職務と規範、管理および関連諸活動に関して高等教育機関がおこなう効果的意思決定、および学問の自由と人権の尊重、これらのために必要とされる自己管理である。しかしながら、教育機関の自治の性格は、その施設の類型に従って異なることがある。

18　自治は、学問の自由が機関という形態をとったものであり、高等教育の教育職員と教育機関に委ねられた機能を適切に遂行することを保障するための必須条件である。

19　加盟国は、高等教育機関の自治にたいするいかなる筋からの脅威であろうとも高等教育機関を保護すべき義務がある。

20　自治は、この勧告ないし付表に列挙される他の国際基準が規定する高等教育の教育職員の権利を制限する口実として高等教育機関によって用いられてはならない。

21　自己管理、同僚間の協同および適切な学問的指導性は、高等教育機関にとって意義のある自治の不可欠な構成要素である。

B　教育機関の公共責任

22　多大な財政投資がなされるという点で、加盟国および高等教育機関は、高等教育機関が享受する自治の水準とその公共責任の体系との間の適正な均衡を保障しなければならない。高等教育機関はその公共責任を果たすためにその管理を公開するよう努力しなければならない。高等教育機関は以下の諸点で公共責任を果たさなければならない。
（a）その教育上の使命の性質に関する効果的な公共へのコミュニケーション。
（b）その教育、学問および研究の職務における質および卓越性への社会的責務、

その学術的使命と矛盾する押しつけに反対して教育、学問および研究の本来性を擁護し、確保する責務。

(c) 学問の自由および基本的人権の効果的支援。

(d) 活用しうる資源の制約を条件として、可能な限り多数の学問的資質を備えた個人にたいして質の高い教育を保障すること。

(e) その機関の使命および供与される資源と調和した生涯学習の機会を提供する責務。

(f) 学生が公平かつ公正に、差別なく処遇されるよう保障すること。

(g) 女性および少数民族の公平な処遇を保障し、性的、人種的嫌がらせを撤廃する政策と手続きを採択すること。

(h) 高等教育の教育職員が授業中ないし研究作業中に暴力や脅迫、嫌がらせにより妨害されないよう保障すること。

(i) 誠実にして公開された経理。

(j) 諸資源の効果的な活用。

(k) 同僚間の協同の過程および／または高等教育の教育職員を代表する団体との交渉をつうじて、学問の自由と言論の自由の原則に沿って、高等教育の教育職員の教育、学問、研究および開放業務の手引となる声明または倫理綱領を創造すること。

(l) 人びとの諸権利を損い、あるいは一般的に容認される学術倫理、人権および平和に逆行する目的のための知識と科学、技術の活用を防ぐよう努力し、人びとの経済的、社会的、文化的、政治的権利の実現を支援すること。

(m) 社会が当面する今日的な諸問題について高等教育機関が本気で取り組むことを保障すること。この目的のために、その活動はもちろん、その教育課程も、地域社会および社会一般の現在および将来のニーズに適宜に応えるものでなければならず、かつ教育機関はその卒業生にたいして労働市場での機会を高めるうえで重要な役割を果たさなければならないこと。

(n) 可能かつ適切な場合、全国的、地域的、政治的、人種的、およびその他の障壁を超える国際的な学術協力を奨励し、一国が他国によって科学的、技術的に搾取されるのを防ぐために努力し、かつ知識の追求と活用、文化遺産の保全において世界のあらゆる学術社会との対等の連携を推進する。

(o) 最新の図書館、および高等教育の教育職員や学生が教育、学問および研究のために必要とする情報を供給する現代の教育、研究および情報源を、検閲されることなく利用できるように保障すること。

（p）教育機関の使命とその適切な維持に必要な施設と設備を保障すること。

（q）機密扱いの研究に従事する場合でもそれが教育機関の教育の使命や目的と矛盾してはならず、かつ平和と人権、持続可能な開発および環境の一般目標に反してはならないことを保障すること。

23　教育機関の公共責任の体系は、科学的な方法論にもとづき、かつ明瞭にして現実的、費用効果的、単純なものでなければならない。その運用においては、公正かつ公平でなければならない。その方法および結果はともに公開されなければならない。

24　高等教育の教育機関は、個別的にも集団的にも、教育機関の自治ないし学問の自由を損うことなく、上記の諸目標を達成するための確実な機構をふくむ適切な公共責任体制を構築し、実施しなければならない。高等教育の教育職員を代表する団体は、可能な場合、この体制の立案に参加しなければならない。国家権限による責任機構が確立されている場合、その具体化手続きは、適用可能ならば、関係する高等教育機関ならびに高等教育の教育職員を代表する団体と協議しなければならない。

Ⅵ　高等教育の教育職員の権利と自由

A　個人の権利と自由──市民的権利、学問の自由、出版の権利および情報の国際交流

25　高等教育の学術職への機会は、適正な学術的資格と能力、および経験にのみもとづかなければならず、また、いかなる差別もなしに社会のすべての構成員に平等に開かれていなければならない。

26　高等教育の教育職員は、他のすべての集団や個人と同様に、国際的に確認された、あらゆる市民に適用される市民的、政治的、社会的および文化的諸権利を享受しなければならない。それゆえ、すべての高等教育の教育職員は、身体の自由と安全および活動の自由の権利はもちろん、思想、良心、信教、表現、集会および結社の自由を享受しなければならない。教育職員は、国家の諸政策および高等教育に影響を与える政策について自由にその見解を表明することをとおして社会の変革に貢献する権利をふくめて、市民としてその市民的権利を行使することを

妨げられてはならない。彼らは、かかる諸権利を行使したがゆえにいかなる刑罰も受けてはならない。高等教育の教育職員は、恣意的な、もしくは品位を傷つける取り扱いを受けてはならない。彼らの諸権利が明らかに侵害された場合、高等教育の教育職員は、国際連合の諸機関に相当する全国的、地域的機関ないしは国際的組織に訴える権利を有しなければならず、かつ、高等教育の教育職員を代表する団体はこのような事件を全面的に支援しなければならない。

27　上記の国際基準の維持は、国際的にも国内的にも、高等教育の利益として擁護されなければならない。そうすることによって、学問の自由の原則が完全に遵守されなければならない。高等教育の教育職員は、学問の自由、すなわち既成の教義に拘束されることなく、教授し論議する自由、研究を実践しその成果を普及、刊行する自由、彼らが所属する教育機関や制度についての見解を自由に表明する自由、教育機関の検閲からの自由、そして専門の学術団体または代議制の学術団体に参加する自由等への権利を保有する資格を有する。すべての高等教育の教育職員は、いかなる種類の差別もなしに、かつ国家およびその他の筋からの抑圧の脅威なしに、その職務を履行する権利を有しなければならない。高等教育の教育職員は、その活動する環境が助長的であるならば、この原則にたいして効果的にその力量を発揮することができるのであり、この環境は民主主義の雰囲気、すなわち民主社会の発展へのすべての者にとっての挑戦を要請するものである。

28　高等教育の教育職員は、教育の基準と方法に関する職能的責任および知的な精密さをふくむ容認された職務上の原則を条件として、いかなる干渉もなしに教育をおこなう権利を有する。高等教育の教育職員は、自己の最高の知識および良心に反して教授することを強制されてはならず、あるいは国内的、国際的な人権基準に相反する教育課程や方法を使用することを強制されてはならない。高等教育の教育職員は教育課程の決定において重要な役割を果たさなければならない。

29　高等教育の教育職員は、その職能的責任に従い、かつ知的厳密さと科学的探求および研究倫理に関して国内的かつ国際的に確認された職能的原則を守ることを条件として、いかなる干渉ないしいかなる抑圧もなしに、研究活動を遂行する権利を有する。また、教育職員は、本勧告の第12項で述べたように、著者ないしは共著者として研究の結果を出版し、伝達する権利を有する。

30　高等教育の教育職員は、教育機関の政策と規制、ないし国の法規や慣行に従って、その所属する機関にたいする第一義的な責任の遂行を妨げない限り、とくにその専門的技能を高めたり、ないしは地域社会の諸問題への知識の適用を認めるなど、雇用外で専門的活動をおこなう権利を有する。

B　自治および団体組織性

31　高等教育の教育職員は、その能力によって、いかなる種類の差別も受けることなく、管理的業務に加わる権利と機会、関係する学術社会の他の分野の参加の権利を尊重しながらも、自己の所属する機関をふくむ高等教育機関の機能を批判する権利と機会をもつべきであり、かつまた、当該高等教育機関内の学術団体の代議員の過半数を選出する権利をもたねばならない。

32　団体組織性の原則は、学問の自由、責任の分担、機関内部の意思決定機構と慣行へのあらゆる関係者の参加という政策、および諮問機構の開発を包含する。団体組織の意思決定は、学術的優秀性と社会一般の利益の質を改善するために、高等教育の政策、教育課程、研究、開放業務、予算の配分およびその他関連業務等の政策の決定と運営に関する諸決定をふくむべきである。

Ⅶ　高等教育の教育職員の義務と責任

33　高等教育の教育職員は、権利の行使が、学術社会の他の構成員の学問の自由を尊重し、対立する見解の公正な討論を保障する責務をふくめて、特別な義務と責任を伴うということを認識しなければならない。学問の自由は、その自由を、公正な真理の探求にもとづいて研究を進めるという学術的義務と調和する仕方で行使するという責任を伴う。教育と研究および学問は、倫理的、職能的基準と完全に合致して遂行されなければならず、かつ適宜に、世界の歴史的、文化的遺産の保護と同時に、今日の社会が当面する諸問題にたいしても応えなければならない。

34　とくに、高等教育の教育職員の学問の自由に固有な個人的義務は以下のものである。
　（a）教育機関および国家が提供する手段の範囲内で効果的に学生を教授すること、男女の学生にたいして公正、平等で、障害をもった学生はもちろん、あらゆる人種と宗教の学生を同等に取り扱うこと、教育職員とその学生との間の自由な

意見交換を奨励し、学生の学習へのガイダンスが得られるようにすること。必要に応じて、高等教育の教育職員は、各教科目の教授要目に盛られる最少限の内容が網羅されることを保障しなければならない。

(b) 学問的な研究を遂行すること、その研究の成果を普及すること、あるいは独創的研究が要請されていない場合、学習と研究をとおし、かつ教育学的技能の向上のための教授法の開発をとおして、担当する教科目に関する知識を維持し、発展させること、

(c) 研究と学問の基礎を、証拠のしかるべき尊重、偏見のない論証および偽りのない報告を伴った誠実な知識の探求におくこと、

(d) 人類、動物、遺産ないし環境をふくむ研究の倫理を遵守すること、

(e) 学究の同僚および学生の学術的業績を尊重し、認めること、そして、とくに出版物の著者には、その出版の内容に実質的に寄与し、それにたいして責任を分担するすべての人をふくめることを保障すること、

(f) 同輩の批評のような過程の成果とみなされうる内密の原稿、ないし研究や教育の資金申請をとおして本来的に得られた新しい情報や概念、データは、著者が許可しない限り、その使用を差し控えること、

(g) 研究が国の法令に従って遂行され、かつ国際人権諸規程を侵犯しないこと、および、それにもとづく研究の結果やデータを、情報が危険にさらされたり匿名が約束されるような場合を除いて、受け入れ機関の学者や研究者が有効に活用しうることを保障すること、

(h) 教育職員を雇用する高等教育機関との利害の衝突を避け、当該機関の認可が得られるように、その高等教育機関との適切な情報開示および十分な協議により対立を解消すること、

(i) 高等教育機関、研究その他の専門的ないし科学関係団体に委ねられたすべての資金を誠実に扱うこと、

(j) 学問上の同僚および学生についての専門的評価の提示にあたって公明正大であること、

(k) その職能的専門分野に関連のない問題に関して学問的な径路の外で発言ないし執筆する場合に責任を意識すること、職能的専門分野の性質について公衆に誤解されることを避けること、

(l) 高等教育機関および専門機関の自律的管理にあたって要請される適切な義務を負うこと。

35　高等教育の教育職員は、その地位が主として彼ら自身およびその達成の質にかかっているから、その専門的業務においてできる限りの最高の水準を達成するよう努力しなければならない。

36　高等教育の教育職員は、しかしながら、その業務とその職能上の自由、および知識の進歩にとって必要な機関の自治を失うことなく、高等教育機関の社会的責任に貢献しなければならない。

Ⅷ　教育職への準備

37　高等教育の教育職への入職準備に関する政策は、必要な倫理的、知的、教育的資質を有し、かつ要求される専門的知識および技能をもつ高等教育の教育職員を十分に社会に供給するその必要によるものである。

38　高等教育の教育職員の準備に関するあらゆる局面はいかなるかたちの差別をも受けない。

39　高等教育の教育職への入職準備をめざす候補者のなかで、同等の学術的資格および経験をもつ女性および少数民族の候補者は、平等の機会と処遇を与えられなければならない。

Ⅸ　雇用の条件

A　学術職への入職

40　高等教育の教育職員の雇用者は、効果的教育および／または研究および／または学問および／または開放業務に最も資するよう、かつ、公平でいかなる差別もない雇用の条件を確立しなければならない。

41　学術社会における障害者のために事実上の平等を促進することをめざす一時的措置は、機会と待遇の均等という目的が達成され、かつ制度が適切に機会と待遇の均等の持続を保障するときに、この措置を中止する場合、差別的なものとみなされてはならない。

42　高等教育の教育および研究への最初の入職時における試用期間は、入職者への激励および有用な第一歩であり、個人としてその教育と研究の力量を発達させることはもちろん、適正な職能的基準の確立および維持のための機会として認識される。通常の試用期間は前もって知らされなければならず、その良好な終了の条件は専門的能力に厳密に関連づけられなければならない。もしも候補者がその試用期間を満足に終了できない場合、彼らは、その理由を知り、かつ、その業務を改善するための妥当な機会が与えられるよう、試用期間の終了に先立ってこの情報を十分に受けとる権利を有しなければならない。また、彼らは異議申し立ての権利を有しなければならない。

43　高等教育の教育職員は、次の事項を享受すべきである。
　（a）任命、適用可能な場合の終身在職権、昇格、解雇その他関連事項の公平な手続きをふくむ公正かつ公明な職能能力開発制度。
　（b）付表に列挙する国際諸基準に沿った、教育機関のなかでの効果的、公平かつ公正な労働関係制度。

44　迫害を受けた際に、他の高等教育機関およびその教育職員との連帯を認める規定がなければならない。かかる連帯は精神的かつ物質的であって、可能な場合、迫害の犠牲者の保護と雇用ないし教育をふくまなければならない。

B　雇用の保障

45　適用可能な場合、終身在職権またはそれと同等の地位は、学問の自由を擁護し、専断的決定にたいする主要な手続き的保障である。また、それは有能な高等教育の教育職員を保持し、かつ、その個人的責任を助長するものである。

46　この専門職における雇用の保障は、適用できる場合、終身在職権またはそれと同等の地位をふくんで、それが高等教育の教育職員の利益だけでなく、高等教育そのものの利益にとって不可欠なこととして擁護されなければならない。この雇用保障は、厳正な評価にもとづいて雇用の継続を確保する高等教育の教育職員が、専門職能の条件および正当な手続きによる以外は解雇されないことを保障する。また、教育職員は、あらゆる財政経理が公の点検に開示されており、その教育機関が雇用の終結を防ぐあらゆる妥当な代替措置をとっており、かつあらゆる雇用の終結手続きにおいて偏見にたいする法的保護が存在するという条件の下で、「真

正な」財政的理由によって解職されることがある。適用可能な場合、終身在職権またはそれと同等の地位は、高等教育機関の組織ないし内部もしくは制度に変化が生じたときにおいてさえ、可能な限り擁護されなければならず、かつ、妥当な試用期間を終えた、教育および／ないし学問において、および／ないし学術団体が認める研究および／ないし高等教育機関が認める開放業務において、明白に規定された客観的基準に合う者に与えられなければならない。

C 評価

47 高等教育機関は以下のことを保障しなければならない。

(a) 高等教育の教育職員の業績の評価および査定は、教育と学問および研究の過程にとって不可欠のものであること、かつ、その主要な機能は教育職員個々の関心および力量に応じての能力開発であること、

(b) 評価は、学術の同輩が解釈する、研究、教育およびその他の学術的ないし専門的職務における学術的能力の基準にのみもとづくこと、

(c) 評価の手続きは、不変かつ変動せずにあらわれることがほとんどない個人の能力の測定がもつ固有のむずかしさを十分に考慮すること、

(d) 評価が、学生、および／または同僚、および／または管理者による、高等教育の教育職員の業務についての何らかの直接的査定をふくむ場合、その査定は客観的であり、かつその基準と結果は関係個人に知らされること、

(e) 高等教育の教育職員に関する評価の結果は、また、その機関の教職員の配置の決定および雇用の更新を考える際に考慮されること、

(f) 高等教育の教育職員は、不当と思われる査定にたいして、公平な機関に異議の申し立てをする権利を有すること。

D 懲戒および解雇

48 学術社会のすべての構成員は、独立した第三者機関での同僚からの意見聴取および／または仲裁機関あるいは裁判所といった公平な機関で論証されうる公正かつ十分な理由がある場合を除き、解雇をふくむ懲戒処分を受けてはならない。

49 高等教育のすべての教育職員は、解雇をふくむすべての懲戒手続きのそれぞれの段階で、付表にかかげる国際諸基準に従って、公正な保護手段を享受しなければならない。

50　懲戒手段としての解雇は、たとえば、職務の恒常的怠慢、総合的不適格、研究結果の偽造ないし変造、重大な財政上の不法行為、学生や同僚または学術社会の他の構成員との性的ないしその他の非行、またはそれをめぐる重大な脅威、あるいは、金銭ないし性関係その他の好意と引き替えに成績や免状ないし学位を偽造したり、あるいは雇用の継続と引き替えに下僚や同僚から性的、財政的その他物的好意を要求するといった教育運営上の腐敗等、職務上の行為に関連する正当かつ十分な理由がある場合にのみおこなわれなければならない。

51　個人は、解雇の決定にたいして、仲裁機関のような独立した外部の機関、あるいは最終的拘束力をもつ裁判所に異議を申し立てる権利を有しなければならない。

E　雇用条件の交渉

52　高等教育の教育職員は、結社の自由の権利を享受しなければならず、かつ、この権利は効果的に促進されなければならない。団体交渉ないし同等の手続きは、付表に掲げる国際労働機関（ILO）の諸基準に従って促進されなければならない。

53　給与と労働条件、および高等教育の教育職員の雇用条件に関連するすべての事柄は、他の同等な手続きが国際諸基準に合致して設けられている場合を除き、高等教育の教育職員を代表する団体と彼らの雇用者との間の自発的交渉過程をつうじて決定されなければならない。

54　国内諸法および国際諸基準と合致した、適切な機構が、法令または協定によって設立され、それにより、高等教育の教育職員がその団体をとおして公的または私的の雇用者と交渉する権利が保障されなければならない。そのような法的諸権利は、不当に遅滞することなく公正な過程をつうじて行使されるものでなければならない。

55　もしもこれらの目的のために設定された手続きが利用しつくされ、または当事者間の交渉が決裂した場合、高等教育の教育職員の団体は、他の団体にその正当な利益を擁護するために普通に開かれている別の手段をとる権利を有しなければならない。

56　高等教育の教育職員は、雇用の条件から生じる雇用者との紛争を解決するため

に、公正な苦情処理および仲裁もしくはそれと同等の手続きを利用できなければならない。

F 給与、労働負担、社会保障給付、健康と安全

57 高等教育の教育職員が、その職責を十分に果たし、高等教育の段階で不可欠の継続的研修と知識および技能の定期的更新にたいする必要十分な時間を当てられるように、あらゆる財政的に可能な措置によって、十分な報酬が与えられなければならない。

58 高等教育の教育職員の給与は

(a) 社会にとっての高等教育の重要性、したがって高等教育の教育職員の重要性、同時にこの職能への入職時から課されるさまざまな責任を反映したものでなければならず、

(b) 少なくとも同様ないし同等の資格を要求する他の職業において支払われる給与に相当するものでなければならず、

(c) 教育職員とその家族にたいして妥当な生活水準を保障すると同時に、その継続教育ないしその文化的または科学的活動を追求し、その職業資格の向上に資するための資力を供与しなければならず、

(d) ある地位はより高い資格と経験を必要とし、かつより大きな責任を伴うという事実を考慮に入れなければならず、

(e) 定期かつ定時に支払われなければならず、

(f) 生計費の上昇、生活水準の向上につながる生産性の向上、ないし賃金または給与水準の一般的上昇傾向等の諸要因を考慮して定期的に見直されなければならない。

59 給与の格差は客観的な基準にもとづかなければならない。

60 高等教育の教育職員は、国際的基準が規定するものと合致した他の同等の手続きが備わっている場合を除き、教育職員を代表する団体との合意で設定された給与表にもとづいて支払われなければならない。有資格の教育職員は、試用期間の間ないしは臨時的に雇用されている場合、同じ水準の常勤の高等教育の教育職員に規定されたものよりも低い給与表によって支払われてはならない。

61　公正かつ公平な実績評価制度は、職務能力の確実性およびその管理の増進の道具となる。給与の決定にこれが導入かつ適用されている場合、高等教育の教育職員を代表する団体との事前協議がおこなわれなければならない。

62　高等教育の教育職員の労働負担は、公正かつ平等でなければならず、学問、研究および／または学術行政にたいする責務はもちろん、学生にたいする義務と責任を効果的に果たすことを可能にさせるものでなければならず、かつその定められた労働負担を超えて教えることを要請される場合、給与条件で正当に考慮されなければならず、かつまた、国際基準と合致した他の同等な手続きが規定されている場合を除いて、高等教育の教育職員を代表する団体と協議されなければならない。

63　高等教育の教育職員は、その健康および安全に否定的な結果ないし影響をもたらすことのない労働環境を与えられなければならず、教育職員は、病気、障害および年金資格をふくむ社会保障措置、およびILOの条約と勧告にふくまれるあらゆる不測の事態における健康と安全の保護措置によって保護されなければならない。この基準は、少なくとも、ILOの関連する諸条約と諸勧告に規定されている事柄と同程度に有利なものでなければならない。高等教育の教育職員のための社会保障給付は権利の問題として認められなければならない。

64　高等教育の教育職員が当然に受ける年金権は、国内および二国間、多国間の税法および税協定を条件として、国内および国際間で、他の高等教育機関へ個人が転出する場合、通算が可能でなければならない。高等教育の教育職員を代表する団体は、可能な場合、教育職員のために計画された年金計画、とくに私的で拠出制の年金計画の運営と管理の役割を果たす代表を選ぶ権利を有しなければならない。

G　研究休暇と年次休暇

65　高等教育の教育職員は、定期的間隔で、可能な場合、給与の全部または一部を支給されるサバテイカルリーブのような研究休暇を与えられなければならない。

66　研究休暇の期間は、年金計画の規定に従って、年功および年金の対象期間として加算されなければならない。

67　高等教育機関の教育職員は、その職能的諸活動に参加できるよう、全部または一部の給与を支給されて臨時の休暇を与えられなければならない。

68　二国間および多国間の文化および科学の交流の枠組みあるいは外国への技術援助計画で高等教育の教育職員に与えられる休暇は、勤務とみなされ、その勤務機関での先任権と昇格資格および年金権は保護されなければならない。加えて、その臨時経費を補償する特別調整がおこなわれなければならない。

69　高等教育の教育職員は、十分な年次有給休暇をとる権利を享受しなければならない。

H　女性の高等教育教育職員の雇用条件
70　男女の平等にもとづき、付表に掲げる国際諸基準で確認された諸権利を保障するために、女性の高等教育の教育職員の機会と取り扱いの平等を推進するためのあらゆる必要な措置が講じられなければならない。

I　障害をもつ高等教育の教育職員の雇用条件
71　障害をもつ高等教育の教育職員の労働条件に関する基準が、最低でも、付表に掲げる国際基準の関連諸規定と合致することを保障するためのあらゆる必要な措置が講じられなければならない。

J　非常勤の高等教育教育職員の雇用条件
72　有資格の非常勤高等教育教育職員による勤務の価値が認識されなければならない。非常勤で定期的に雇用される教育職員は、

（a）常勤で雇用される教育職員に比例して同等な報酬を受け、かつ相当する基本的雇用条件を享受しなければならず、

（b）有給休暇、疾病休暇および出産休暇に関して常勤の教育職員のそれに相当する条件を与えられなければならず、また、相応の金銭上の権利は勤務の時間もしくは所得に比例して決定されなければならず、

（c）可能な場合、雇用者の年金計画の下での補てんをふくめて、十分にしてかつ適切な社会保障の保護を受ける資格を有しなければならない。

X　活用と実施

73　加盟国および高等教育機関は、その活動が本勧告の適用範囲および諸目標のなかにふくまれるような、あらゆる国内および国際の政府団体および非政府団体との協力およびそれら相互間の協力を奨励することにより、高等教育の教育職員の地位に関する彼ら自身の活動を拡大し、補完するためのあらゆる可能な措置をとらなければならない。

74　加盟国および高等教育機関は、それぞれの管轄地域内で、本勧告に掲げられた諸原則を実施するため、上記に明確にした諸規定を適用するためのあらゆる可能な措置をとらなければならない。

75　事務局長は、加盟国からの情報、および適切と考えられる方法で収集された信頼できる証拠に支えられたその他の情報にもとづいて、高等教育の教育職員の学問の自由および人権の尊重をめぐる世界の情況についての包括的報告を準備する。

76　ある国の領土にある高等教育機関がその国の直接ないし間接の管轄下になく、別々の独立した管轄下にある場合、その関係当局は本勧告の条文を教育機関に伝達し、その教育機関が勧告の規定を実施できるようにしなければならない。

XI　最終規定

77　高等教育の教育職員が、特定の点で、本勧告に規定されているよりも優遇された地位を享受している場合、本勧告の諸規定は、すでに確認された地位を引き下げるように用いられてはならない。

付　表

[国際連合]

世界人権宣言（1948年）

青少年の間に諸国民間の平和と相互の尊重及び理解の理念を助長することに関する宣言（1965年）

あらゆる形態の人種差別の撤廃に関する国際条約（1965年）

経済的、社会的及び文化的権利に関する国際規約（1966年）

市民的及び政治的権利に関する国際規約および市民的及び政治的権利に関する付属
　議定書（1966年）

拷問及びその他の残虐な、非人道的な若しくは品位を傷つける取り扱い又は刑罰を
　禁止する宣言（1975年）

障害者の権利宣言（1975年）

女子に対するあらゆる形態の差別の撤廃に関する条約（1979年）

宗教や信条に基づくあらゆる形態の差別の撤廃に関する宣言（1981年）

拷問及びその他の残虐な、非人道的な若しくは品位を傷つける取り扱い又は刑罰を
　禁止する条約（1984年）

[国際連合教育科学文化機関]

教育における差別を禁止する条約（1960年）、および議定書（1962年）

教育における差別を禁止する勧告（1960年）

国際理解と国際協力および国際平和をめざす教育ならびに人権および基本的自由に
　ついての教育に関する勧告（1974年）

科学研究者の地位に関する勧告（1974年）

技術教育及び職業教育に関する修正勧告（1974年）

人種と人種的偏見に関する宣言（1978年）

技術及び職業教育に関する条約（1989年）

高等教育における研究と資格の承認に関する勧告（1993年）

[国際労働機関]

条約第87号　　　結社の自由及び団結権の保護に関する条約（1948年）

条約第95号　　　賃金の保護に関する条約（1949年）

条約第98号　　　団結権及び団体交渉権についての原則の適用に関する条約（1949年）

条約第100号　　同一価値の労働についての男女労働者に対する同一報酬に関する条
　　　　　　　　約（1951年）

条約第102号　　社会保障の最低基準に関する条約（1952年）

条約第103号　　母性保護に関する条約（1952年改正）

勧告第95号　　　母性保護に関する勧告（1952年）

条約第111号　　雇用及び職業についての差別待遇に関する条約（1958年）

条約第118号	社会保障における内国民及び非内国民の均等待遇に関する条約（1962年）
条約第121号	業務災害の場合における給付に関する条約（1962年、1980年第1条を修正）
条約第128号	障害、老齢及び遺族給付に関する条約（1967年）
勧告第131号	障害、老齢及び遺族給付に関する勧告（1967年）
条約第130号	医療及び疾病給付に関する条約（1969年）
条約第132号	年次有給休暇に関する条約（1970年改正）
条約第135号	企業における労働者代表に与えられる保護及び便宜に関する条約（1971年）
勧告第140号	企業における労働者代表に与えられる保護及び便宜に関する勧告（1971年）
条約第140号	有給教育休暇に関する条約（1974年）
勧告第148号	有給教育休暇に関する勧告（1974年）
条約第151号	公務における雇用条件の決定のための手続に関する条約（1978年）
勧告第159号	公務における雇用条件の決定のための手続に関する勧告（1978年）
勧告第162号	高齢労働者に関する勧告（1980年）
条約第154号	団体交渉の促進に関する条約（1981年）
勧告第163号	団体交渉の促進に関する勧告（1981年）
条約第156号	男女労働者とくに家族の責任を有する労働者の機会均等及び均等待遇に関する条約（1981年）
勧告第165号	男女労働者とくに家族的責任を有する労働者の機会均等及び均等待遇に関する勧告（1981年）
条約第158号	使用者の発意による雇用の終了に関する条約（1982年）
条約第159号	障害者の職業リハビリテーション及び雇用に関する条約（1983年）
勧告第168号	障害者の職業リハビリテーション及び雇用に関する勧告（1983年）

［その他］

（ユネスコがILOと協力して開催した）教員の地位に関する特別政府間会議で採択された　教員の地位に関する勧告（1966年）

ユネスコ　万国著作権条約（1952年、1971年に改正）

世界知的所有権機関　文学的及び美術的著作物の保護に関するベルヌ条約、パリ決議（1971年、1979年改正）

【ユネスコ文書】

21世紀に向けての高等教育世界宣言――展望と行動
および
高等教育の変革と発展のための優先行動の枠組み

World Declaration on Higher Education
For the Twenty-First Century: Vision and Action
and
Framework for Priority Action for Change
and Development in Higher Education

採択　1998年10月9日　ユネスコ高等教育世界会議

21世紀に向けての高等教育世界宣言――展望と行動

前　文

　新しい世紀を目前にして、高等教育にたいする需要がかつてないほど高まり、高等教育が多様化していると同時に、社会の文化的・経済的な発展にとっても、また若い世代が新しい技術や知識、理想を身につけ、将来を築いていくためにも、高等教育がきわめて重要であるという認識が広がっている。高等教育には、「大学、または権限を有する国家当局によって高等教育機関として認められたその他の教育施設が提供する、中等教育後の段階でおこなわれるあらゆる種類の学習と養成、研究者の養成」がふくまれる。高等教育は、いずれの国においても、財政、進学および就学条件の公正、教職員（staff）の能力開発の改善、技術訓練、教育と研究および開放の質の向上と維持、教育内容の適切性、卒業生の雇用可能性、効果的な協力協定の締結、そして国際協力の利益への公平な参加等に関連する大きな課題と困難に直面している。同時に高等教育は、知識を生産、管理、普及、利用する方法を改善する技術に関連した新しい機会による問題提起も受けている。これらの技術の公平な利用が教育制度のすべての段階で保障されなければならない。

　今世紀の後半は、高等教育の歴史において最もめざましい拡張の時期として記録されるであろう。世界全体の在学学生数は、1960年の1300万人から1995年の8200万人へとじつに6倍以上に増加したのである。しかしながら、高等教育での学習および研究へのアクセスと資源という点からみれば、工業先進諸国と開発途上諸国、とくに最後発諸国との間の格差がすでに大きく、そしてそれがいっそう拡大したのも、まさにこの時期であった。また、いくつかの最も発展した豊かな国ぐにをふくめて、各国内での社会経済的階層化が拡大し、教育の機会における格差が拡大した時期でもあった。技術を身につけ教育を受けた、発展を決定づける多数の人びとを供給する十分な高等教育・研究機関なしには、いかなる国も真に内発的かつ持続可能な発展を確保することはできないし、とくに開発途上諸国および最後発諸国は、工業先進諸国との格差を縮小することはできない。知識の共有、国際協力、および新しい技術が、この格差を縮小するための新しい機会を提供することができる。

高等教育は、何世紀にも及ぶその存在意義と、変化しかつ社会の変革と進歩を推進するその能力を十分証明してきた。変化の範囲が広がり速度が増すなかで、社会はますます知識を基本とするようになり、高等教育・研究は、今日では、個人、地域社会、そして国家の文化的、社会経済的、かつ環境的に持続可能な開発のための不可欠な要素として機能している。したがって、高等教育自体は、非常に大きな課題に直面しており、かつて要請されたことがないほどの最も深刻な変革と再生に着手しなければならず、それにより、いま価値観の深刻な危機を経験しているわれわれの社会は、単なる経済的な考慮を超えて、いっそう深い道徳性と精神性の次元を組み入れることができるのである。

　ユネスコが「21世紀の高等教育に関する世界会議：展望と行動」を招集したのは、これらの課題への打開策を提供し、世界中で高等教育の徹底的な改革の過程を始動させることを目的としている。この世界会議を準備するにあたり、ユネスコは1995年に、「高等教育の変化と発展のための政策文書」を発行した。五つの地域会議（1996年11月ハバナ、1997年４月ダカール、1997年７月東京、1997年９月パレルモ、1998年３月ベイルート）が相次いで開催された。それらの会議で採択された宣言と行動計画は、それぞれがその独自性を保持しつつ、この世界会議を準備するうえでなされた考慮の全過程と同じく、本宣言において適切に考慮され、加えられている。

＊　＊　＊

　1998年10月５日から９日までパリのユネスコ本部に会合したわれわれ高等教育世界会議の参加者は、

　国際連合憲章、世界人権宣言、経済的、社会的および文化的権利に関する国際規約、および市民的および政治的権利に関する国際規約の諸原則を想起し、

　かつ、「すべての人は教育への権利を有する」および「高等教育は、能力に応じ、すべての者に等しく開放されなければならない」とその第26条第１項で述べている世界人権宣言を想起し、また、その第４条で、「高等教育を個人の能力に応じてすべての者に等しく活用できるものとする」ことを締結国にゆだねた教育における差別の禁止に関する条約（1960年）の基本原則を確認し、

　主要な委員会および会議、とりわけ、21世紀のための教育国際委員会、文化と開発国際委員会、国際教育会議の第44回および第45回会議（ジュネーブ1994年、1996

年）、第27回および第29回ユネスコ総会で採択された諸決議、とくに高等教育の教育職員の地位に関する勧告、すべての人のための教育に関する世界会議（タイ・ジョムティエン1990年）、国連環境・開発会議（リオデジャネイロ1992年）、学問の自由と大学の自治に関する会議（シナイア1992年）、世界人権会議（ウィーン1993年）、社会発展のための世界サミット（コペンハーゲン1995年）、第4回世界女性会議（北京1995年）、教育と情報科学に関する国際会議（モスクワ1996年）、21世紀のための高等教育および人的資源開発に関する会議（1997年マニラ）、第5回国際成人教育会議（ハンブルク1997年）、そしてとくに、「われわれは……中等後教育機関を生涯学習機関に転換することを促進し、それに従って大学の役割を規定するための高等教育世界会議（パリ1998年）を開催することにより……成人学習者に学校および大学を開放することを誓約する」と述べている第2テーマ（学習の条件と質の改善）にもとづく「未来へのアジェンダ」等々における高等教育に関する諸勧告を考慮し、

教育は、人権と民主主義、持続可能な開発および平和の基本的な柱であり、したがって生涯をつうじてすべての者が利用できるようにすべきであること、そしてさまざまな部門、すなわち大学および技術教育機関の間はもちろん、とくに普通および技術的、職業的中等教育および中等後教育の全体および相互の間での調整と協力を保障する方策が必要とされていることを確信し、

これに関連して、21世紀を目前にひかえて直面する諸問題の解決は、将来の社会の展望によって、かつ教育一般、とりわけ高等教育に課せられた役割によって決定されることを確信し、

新たな千年期の出発において、平和の文化の価値および理想が支配的に広まり、知的共同体がこの目的のために動員されるよう保障することが高等教育の責務であることを認識し、

高等教育の抜本的な変革と発展、その質と適切さの向上、およびその直面する主要な課題の打開のためには、社会にたいする高等教育機関のいっそう大きな責任と、公的および民間の、国内あるいは国際的な資源の活用における説明責任と同様に、政府および高等教育機関だけでなく、学生やその家族、教員、産業界、公私の経済諸部門、議会、メディア、地域社会、専門職の諸団体および学（協）会をふくむすべての関係者の強力な関与を必要としていることを考慮し、

高等教育制度は、不確実性とともに生き、変革しかつ変革をうながし、また社会の要求に訴え、連帯と平等を推進するための能力を高めなければならないこと、欠くことのできない質の水準を達成、維持するための基本的な前提条件として、公正な精神で科学的厳密性と創造性を保持、行使しなければならないこと、そして、生涯を見通して学生たちが来るべき世紀のグローバルな知識社会へ自らを完全に組み入れられるようにするために、彼らをその関心事の中心に位置づけなければならないことを強調し、

　また、国際的な協力と交流が全世界における高等教育の前進のための大道であることを信じ、

　以下のとおり宣言する。

高等教育の使命と役割

第1条　教育と養成および研究をおこなう使命

　われわれは、高等教育の中心的使命と価値、とりわけ社会全体の持続可能な発展と改善に貢献するという使命は、維持され、強化され、いっそう拡大されなければならないことを確認する。すなわち、

(a) 社会の現在および将来の必要に不断に合わせた課程と内容を活用して、高度の知識と技術を結合した、専門的養成をふくむ適切な資格を与えることによって、人間の諸活動のあらゆる分野の必要に応じることができるよう、高度な資格をもつ卒業生および信頼できる市民を教育すること。

(b) 世界的な展望をもって、市民性の獲得と社会への能動的参加のための、内発的な能力形成のための、さらに社会正義の観点から、人権と持続可能な開発、民主主義および平和の強化のための教育をおこない、学習者に個人の発達および社会的移動のための機会のみならず、最高度の選択の幅と制度内での入退学の柔軟性を与えることによって、高等教育の機会および生涯をつうじての学習の機会を提供するものであること。

(c) 研究をつうじて知識を高め、創造し、かつ普及し、さらに地域社会へのサービスの一環として、社会科学、人文科学および創造的芸術における研究と同様に、自然科学および工学の研究を推進、発展させることにより、社会の文化的、社会的および経済的な発展を援助するための適切な専門知識を提供すること。

(d) 文化的多元主義および多様性の観点から、国内的、地域的、国際的および歴

史的な諸文化の理解と解釈、保全、強化、促進および普及を支援すること。

(e) 民主主義的な市民性の基礎を形成する諸価値を青年に教えることにより、かつ戦略的な選択の論議と人道主義的な見方の強化のために役立つ批判的かつ公平な見方を提起することによって、これらの社会的諸価値を擁護し、強化することを助けること。

(f) 教員の養成をふくむ、あらゆる段階の教育の発展と改善に貢献すること。

第2条　倫理的役割、自治、責任および期待される役割

1997年11月、ユネスコの総会で承認された高等教育の教育職員の地位に関する勧告に従い、高等教育機関およびその教職員と学生は、

(a) さまざまな活動における、倫理的および科学的、学術的精密さの実践をつうじて、その重大な役割を保持し、発展させなければならない。

(b) 熟慮し、理解し、行動するために社会が支援を必要とするある種の知的権威を行使することにより、倫理的、文化的および社会的な諸問題に関して、完全に独立して、かつその責任を十分に自覚して発言することができなければならない。

(c) 予測し、警告し、防止することに焦点をあて、発現する社会的、経済的、文化的、政治的諸傾向のあらわれを継続的に分析することをつうじて、その批判的かつ先見的な役割を強化しなければならない。

(d) ユネスコ憲章に掲げられているように、平和と正義、自由、平等および連帯をふくむ普遍的に認められている価値を擁護し、かつ積極的に普及するために、その知的能力および道徳的な威信を発揮しなければならない。

(e) 社会に対する十全な責務と説明責任を負いながら、一連の権利および義務として考えられる完全な学問の自治と自由とを享受しなければならない。

(f) 地域社会、諸国家および地球社会の安寧に影響する諸問題を認識し打開することを支援するうえで役割を果たさなければならない。

高等教育の新たな展望の形成

第3条　機会均等

(a) 世界人権宣言の第26条1項に従い、高等教育への入学は、入学志望者が示す成績と能力、努力、忍耐および意欲にもとづかなければならず、また、すでに獲得した技能の正当な認定を伴って、いかなるときも、生涯計画のなかで、就

学可能なものである。したがって、高等教育への就学許可においては、人種や性、言語あるいは宗教、ないし経済的、文化的または社会的相異、もしくは身体的障害を理由とするいかなる差別も容認することはできない。

(b) 高等教育へのアクセスの平等は、他のすべての段階の教育、とくに中等教育との連携の強化から、そして必要ならば再調整からはじめなければならない。高等教育機関は、幼児教育および初等教育からはじまり、生涯をつうじて継続する継ぎ目のない制度の一部として考えられなければならず、またそのように自ら機能し、かつそれを励まさなければならない。高等教育機関は、親、学校、学生、社会経済的諸集団および地域社会との積極的な連携の下で機能しなければならない。中等教育は、幅広い基礎に関する学習能力を発達させることによって、高等教育へ進学する資格をもつ者の準備教育をするだけでなく、職業に関する広範な教育をほどこすことによって、積極的な人生への道を開くものでなければならない。しかしながら、高等教育への就学は、中等学校を首尾よく修了した者、またはそれと同等の資格を有する者ないし入学資格を提示する者にたいして、可能な限り、年齢にかかわりなく、いかなる差別もなく開かれていなければならない。

(c) したがって、高等教育にたいする需要の急速かつ広範な高まりは、上記の第3条（a）で規定したように、適切な場合において、高等教育へのアクセスに関するすべての政策に、将来的に個人の成績にもとづく方法を優先することを要請する。

(d) 先住民、文化的ないし言語的少数者、恵まれない集団、被占領地域の人びと、および障害をもつ人びとなどの特別な対象となる集団に属する人びとのための高等教育へのアクセスは、これらの集団が、集団としても個人としても、社会と国家の発展にとって大きな価値となるような経験と才能をもちうることにかんがみ、積極的に推進されなければならない。特別な物質的支援と教育上の解決策によって、高等教育へのアクセスおよび継続の両面で彼らが直面する障害の克服を支援することが可能である。

第4条　女性の参加の拡大と役割の推進

(a) 高等教育への女性の就学を高めるうえで重要な進展が達成されているが、世

界の多くの地域で、さまざまな社会経済的、文化的、および政治的障害が、十分な就学と効果的な差別廃止を妨げ続けている。これらを克服することは依然として、能力本位の原理にもとづく高等教育の公正かつ無差別の制度を保障するための革新の過程での緊急な優先事項である。

(b) 高等教育におけるジェンダーのあらゆる固定観念を排除し、種々の学問分野でジェンダー問題を考察し、さらに女性の参加が不十分なすべての段階およびすべての学問分野での参加を強化し、そしてとくに意思決定における女性の積極的な参加を高めるため、いっそうの努力が要請される。

(c) ジェンダー研究（女性学）を、高等教育および社会変革のための戦略的な専門分野として奨励しなければならない。

(d) 女性の参加が不十分な原因となっている政治的、社会的障壁をとりのぞくための、とりわけ高等教育および社会における、政策および意思決定段階での積極的な関与を強化するための努力がなされなければならない。

第5条　自然科学、芸術および人文科学における研究をつうじた知識の推進とその結果の普及

(a) 研究をつうじての知識の推進は、すべての高等教育制度の基本的役割であり、大学院での研究が推進されなければならない。社会的および文化的な目的と必要に関する長期的な方向性をもつ研究計画においては、革新的、学際的および分野横断的な研究が推進され、かつ強化されなければならない。基礎研究と目標指向研究との間で適切な均衡が設定されなければならない。

(b) 研究機関は、研究にたずさわる学術共同体のすべての構成員が適切な養成、資源および支援を供与されることを保障しなければならない。研究成果に関する知的および文化的権利は、人類の利益のために用いられなければならず、乱用されないように保護されなければならない。

(c) 国家的、地域的および国際的な研究開発政策の枠組みのなかで、社会科学、人文科学、教育学（高等教育をふくむ）、工学、自然科学、数学、情報科学および芸術をふくむすべての分野で、研究が強化されなければならない。高等教

育と研究とが同じ機関内で高い水準でおこなわれる場合、相互的な質の向上がおこるため、高等教育機関で研究能力を高めることはとくに重要である。これらの機関は、公的および民間双方の資源から、必要とする物質的財政的な支援を得なければならない。

第6条　適切性にもとづく長期的な方向づけ

（a）高等教育における適切性は、社会が高等教育機関に期待していることと高等教育機関がおこなっていることとの適合という観点から評価されなければならない。このためには、文化と環境保護にたいする配慮をふくめて、社会の目標と必要に関する長期的な方向づけにもとづく倫理的基準、政治的不偏性、批判的能力、そして同時に、社会および労働世界の諸問題とのより良好な連携が必要となる。重要なのは、幅広い一般教育と、技能と適性に焦点を合わせた、しばしば分野横断的な、目標の明確な特定の職業教育との双方の就学を提供することであり、この両者とも、変化に富む環境の下に生活し、また職業を変えることもできる力を個々人に身につけさせるものである。

（b）高等教育は、課題と問題の分析における主として学際的かつ横断的研究をつうじて、その社会への奉仕という役割、とくに貧困や不寛容、暴力、非識字、飢餓、環境汚染および疾病の根絶を目的とした活動を強化しなければならない。

（c）高等教育は、とくに教員養成の改善、カリキュラムの開発および教育研究をつうじて、教育制度全体の発展への貢献を強めなければならない。

（d）究極的に、高等教育は、人類愛によって鼓舞され、かつ英知に導かれる高い教養と意欲をもち、かつ完成された人格をもつ個々人によって構成される、暴力と搾取のない新しい社会の創造をめざさなければならない。

第7条　労働の世界（world of work）との協力の強化、および社会のニーズの分析と予測

（a）知識とその応用、および情報の処理にもとづく変化と新しい生産様式の出現を特徴とする経済において、高等教育と労働の世界、および社会の他の部分との連携が強化され、刷新されなければならない。

(b) 労働の世界との連携は、教育機関の管理へのその代表者の参加、学生および教員のための国内外での実習／実務学習機会の利用の増加、労働の世界と教育機関の間での教職員の交流、そして労働の実際により緊密に実務に結びついた教育課程の改訂などによって強化することができる。

(c) 専門職業の教育、再教育および再活用のための生涯にわたる拠り所として、高等教育機関は、労働の世界、科学、技術および経済部門の傾向を系統的に考慮しなければならない。労働の要請に応えるために、高等教育制度と労働の世界は、共同して、理論と職場内訓練を統合する学習の課程、移行プログラム、およびそれまでの学習の評価と認定の計画を開発し、評価しなければならない。高等教育機関は、その先見的な役割の枠組みのなかで、それが唯一の機能ではないが、新しい職業の創出に貢献することができる。

(d) 求職者となるばかりでなく、とりわけ職業の創出者となることをますます求められる卒業生の雇用可能性を促進するために、起業家的な技能と指導力を開発することが、高等教育の主要な関心事にならなければならない。高等教育機関は、学生が民主主義社会に十分に参加し、公正と正義を育てる変化の促進者となるように、彼らが社会的責任意識をもって自己の能力を十分に発達させる機会を与えなければならない。

第8条　機会均等を増進するための多様化

(a) 高等教育制度の柔軟な入退学を基礎としながら、生涯を見通した視点から、増大する国際的な要求に応えるとともに、多様な形態の就学機会を提供し、いっそう広範な公衆に就学を拡大するために、高等教育の形態および募集の方法と基準を多様化することが不可欠である。

(b) より多様化した高等教育の制度は、公立、私立およびとりわけ非営利機関のような、中等教育後（tertiary）の新しい型の教育機関によって特徴づけられる。教育機関は、伝統的な学位、短期の課程、パートタイム学習、フレックス日程、モデュール課程、遠距離支援学習など、広範で多様な教育と訓練の機会を提供しなければならない。

第9条　革新的教育方法・批判的思考と創造性

(a) 急激に変化がすすむ世界においては、高等教育の新しい展望と理論的枠組みの必要性が認識されており、それは学生本位でなければならず、大多数の国においては、地域社会および社会の最も広範な部門との新しい形の連携と共同にもとづく、かつてなく広い範囲の人びと、提供すべき教育の内容、方法、実際、および手段の多様性に対応するために、徹底的な改革と開放政策が求められる。

(b) 高等教育機関は、学生を、批判的に思考し、社会の問題を分析してその打開策を探し、それを適用しかつ社会的責任を受け入れることができるような、広い知識と深い動機づけをもつ市民となるよう教育しなければならない。

(c) これらの目的を達成するには、諸学問分野の認識的知識の修得を超えるため、新しい適切な方法を使って教育課程を再編成することが必要になるだろう。多文化状況のなかでの通信の技術と技能、能力の獲得、創造的で批判的な分析、独自の思考と共同作業を促進するために、新しい教育学、教授学のとりくみが活用・推進されなければならない。そこでは、創造性は、伝統的ないしは地域に伝えられた知識と技術を先進的科学および技術に結びつけることをもふくむ。これらの改善された教育課程は、ジェンダーの問題、および各国での特定の文化的、歴史的、経済的状況を考慮しなければならない。人権規範に関する教授と世界のあらゆる場所での地域社会の必要にもとづく教育は、教育課程のあらゆる分野、とくに起業家向けの教育課程に反映させなければならない。この教育課程の決定においては教育者が重要な役割を果たさなければならない。

(d) 新しい教育方法は、新しい種類の教授・学習教材をもふくむ。と同時に、それらは、記憶力だけでなく、理解力、実務技術と創造力を増進することになる新しい試験の方法と結びつけられねばならない。

第10条　主要な当事者としての高等教育の教職員と学生

(a) 教職員の研修に関する強力な方策が高等教育機関にとって不可欠の要素である。高等教育の教員に関する明確な方針が確立されなければならない。というのは、高等教育の教員は、今日ではもっぱら知識の泉であるよりも、学生に、いかに学びいかに能動性を発揮するかを教えることに重点をおく必要があるからである。1997年11月にユネスコ総会で承認された高等教育の教育職員の地位

に関する勧告の該当する諸規定を反映し、適切な教員養成計画をつうじて、教育課程および教授・学習方法の不断の革新を奨励し、適切な職能的、財政的地位を保障して、研究に関し、教育技術の革新と向上に関して、十分な規定が作成されなければならない。この目的のために、国際的経験により大きな重要性が与えられなければならない。さらに、生涯教育のための高等教育の役割という観点から、教育機関外での経験が高等教育の教授陣のための適切な資格とみなされなければならない。

(b) 幼児教育および初等中等学校の教員養成にあたるすべての高等教育機関は、教育課程の不断の刷新、最善の教育方法および多様な学習形態への精通のための刺激を与えるよう、明確な政策を確立しなければならない。適切に養成された行政上および技術上の職員を配置することが重要である。

(c) 国および教育機関の意思決定者は、学生および彼らの必要をその関心の中心におかなければならず、かつ彼らを高等教育の革新における主たる共同者および責任ある当事者とみなさなければならない。これには、教育の水準に影響する諸問題から、教育方法と教育課程の評価と革新、そして有効な制度的枠組み内での政策の作成と機関の運営等の諸問題における学生の参加がふくまれなければならない。学生は組織をつくり自らの代表者を立てる権利を有するから、これら諸問題への学生の関与が保障されなければならない。

(d) 年齢を問わず、高等教育へ移行する学生を援助し、またいっそう多様化する学習者の必要を考慮するために、学生団体との協力の下に、指導（guidance）や相談（counseling）の業務が強化されなければならない。中等学校や各種学校から高等教育に入学する学生とは別に、生涯の過程で退学し、復学する学生の必要も考慮されなければならない。かかる支援は、脱落を少なくし、学生と課程とのよい調和を確かなものにするうえで必要である。中途退学の学生は、適切な場合かつ適切なときに、高等教育へ復帰する適切な機会をもたなければならない。

展望から行動へ

第11条　質的な評価

（a）高等教育における質は多元的な概念であり、教育と学術の内容、研究と学問、教職員配置、学生、建物、施設、設備、地域社会へのサービスおよび学術環境など、そのすべての機能と活動をふくめなければならない。内部の自己評価および可能な場合は国際的な専門知識をもつ独立した専門家によって公開的におこなわれる外部審査が、質の向上のために不可欠である。独立した全国レベルの機関が確立されなければならず、また、国際レベルで認められる質の国際基準が規定されなければならない。多様性を考慮しかつ画一化を避けるため、特定の機関や国および地域の事情に適切な配慮がなされなければならない。関係者は、教育機関の評価の過程での不可欠の構成部分でなければならない。

（b）質はまた、高等教育が国内の文化的な価値と状況を考慮しながら、知識の交流や相互交流的ネットワーク、教員と学生の流動性、そして国際的共同研究など、国際的な側面によっても特徴づけられねばならないことを要請する。

（c）国内的、地域的ないし国際的な質を達成し、維持するためには、一定の構成要素がとくに関連をもっている。その要素とは、教職員の慎重な選考と、継続的な研修、とくに教授・学習方法をふくむ教育研究職の研修（academic staff development）のための適切な計画の促進、および、国内および国際間での学生の流動と同様に、国際間ないしは高等教育機関の間での、さらに高等教育機関と労働の世界との間での（教職員の）移動である。新しい情報技術は、それがもつ知識およびノウハウの獲得に大きな影響があるゆえに、この過程での重要な手段である。

第12条　技術の可能性と課題

　新しい情報通信技術の急激な発展は、知識が開発され取得され普及する方法をさらに変革するだろう。また、この新しい技術が、教育の内容および教育方法を刷新し、高等教育への就学を拡大する機会を提供することに留意することも重要である。しかしながら、この新しい情報技術は、教員そのものの必要を減少するのではなく、学習の過程に関連して教員の役割を変えるものであるということ、そして情報を知

識と理解に変える継続的な対話が基本的なものであるということに留意しなければならない。高等教育機関は、新しい情報通信技術の利点と可能性を利用することを率先して推進し、以下のことによって、開放、平等および国際協力の精神で教育の実践と結果の質を保障し、高い水準を維持しなければならない。

（a）ネットワークにおいて、技術移転、能力形成、教材の開発をおこない、知識をすべての人が利用できるように、教育、養成、研究におけるそれらの適用の経験を共有すること。

（b）遠隔教育施設から完全な（コンピュータネットワーク上の）バーチャルな高等教育機関とそのシステムまでの、距離をつなぎ質の高い教育制度を開発することのできる新しい学習環境を創出し、これら教育施設が、地域的、大陸的ないし全世界的なネットワークにもとづいて、文化的・社会的な独自性を尊重するかたちで機能することを保障しながら、社会的、経済的進歩と民主主義を推進すること、およびその社会のその他の適切な優先課題に貢献すること。

（c）教育上の目的のために、情報通信技術（ICT）を十分に活用するうえで、新しい情報・通信技術の利用、および対応する機材の生産に関して、世界各国の間および各国内に存在する重大な不平等をとりのぞくために、特別の注意を払わなければならないことを留意すること。

（d）ICTを国内、地域および地方の必要に適合させ、それを維持するための技術的、教育的、管理的・制度的組織を確保すること。

（e）国際協力をつうじて、すべての国、とくに発展途上諸国の目的と関心の確認、平等な利用、この分野の基盤の整備および社会全体へのかかる技術の普及を促進すること。

（f）高度の質、および公平な利用のための規定を確実にしていくため、「知識社会」の進展を綿密にあとづけていくこと。

（g）そもそもICTを利用するのは、その業務を近代化しようとする高等教育機関なのであり、ICTが高等教育機関を現実の機関から仮想の機関に変容するもの

ではないことを認識して、ICTの利用が生み出す新しい可能性を考慮に入れること。

第13条　高等教育の管理および財政の強化

(a) 高等教育の管理および財政は、適切に合理化された運営および資源の費用効果的な使用を保障するために、高等教育機関と国および全国的計画調整機関との間で確立される共同関係にもとづく、適切な計画立案、政策分析能力および戦略の開発を要請する。高等教育機関は、そのおかれた環境の必要に応える、将来を見すえた管理業務を採用しなければならない。高等教育を管理する者は、手続きおよび規程の有効性にたいして敏感かつ精通しなければならず、内外の機構によってそれを定期的に評価することができなければならない。

(b) 高等教育機関は、その機関内の業務を管理する自治を与えられなければならないが、この自治には、政府と議会、学生および社会一般にたいする明確で透明性の高い説明責任が伴わなければならない。

(c) 管理の究極の目標は、質の高い教育、養成および研究、そして地域社会へのサービスを保障することによって、機関の使命を高めることでなければならない。この目標は、地域的諸問題への理解をふくむ社会的展望と効果的な管理技術とを結合する管理を必要とする。高等教育における指導性は、このように重要な社会的責任であり、しかも高等教育のすべての当事者、とりわけ教員および学生との対話をとおして十分強化されるものである。高等教育機関の管理機関への教授陣の参加が、これら管理機関の規模を合理的な範囲に保つ必要性を考慮しながら、現行の制度的取り決めの枠内で考慮されなければならない。

(d) 発展途上国における高等教育の強化に必要な財政を保障する南・北協力の推進が不可欠である。

第14条　公的サービスとしての高等教育の財政

　高等教育の財政は公的および民間の双方の財源を必要とする。この点で、国の役割は不可欠のものである。

(a) 財源の多様化は、社会が高等教育に与える支援を反映するものであり、高等

教育の発展を保障し、その効果を増大し、さらにその質と適切性を維持するためにいっそう強化されなければならない。高等教育および研究への公的な支援は、教育的および社会的使命が調和的に達成されることを保障するうえで不可欠である。

(b) 社会は全体として、持続可能な経済的、社会的文化的発展の推進におけるその役割を前提として、高等教育をふくむすべての段階の教育を支援しなければならない。この目的のためのとりくみは、一般国民の認識と、高等教育の機関や職員およびそれに関わるすべての関係者はもちろん、公的および私的な経済部門、議会、メディア、政府組織および非政府組織、および学生の参加とにかかっている。

第15条　国境および大陸を越えての知識と技術の共有

(a) 全世界の高等教育機関相互の連帯と真の共同関係という原則は、全世界的な諸問題の理解、その解決のための民主的な管理、有能な人材の役割、および異なった文化や価値と共に生きることの必要を高めるものであり、あらゆる分野での教育と養成にとって決定的に重要である。多言語使用の実践、教授陣および学生の交流計画、そして知的および科学的協力を促進する機関の間での連携が、あらゆる高等教育制度にとって不可欠の部分でなければならない。

(b) 連帯と承認、相互支援にもとづく国際協力の原則、共同者の利益に平等に奉仕する真の共同関係、および国境を越えて知識と方法を共有するという価値が、発展した国ぐにと発展途上諸国双方の高等教育機関の間の諸関係を律すべきであり、とくに最後発諸国に利益を与えるものでなければならない。武力衝突あるいは自然災害を受けた地域の高等教育機関の機能を保全する必要を考慮しなければならない。したがって、教育課程および教授・学習過程に国際的な視点がいきわたらなければならない。

(c) 国内の制度のなかで、また国際間での移動を容易にするために、学生が課程を変更することを容易にするよう、卒業生の技能、資格および能力の認定をふくめて、学修認定のための地域的、国際的な基準文書が批准され実施されなければならない。

第16条　「頭脳流出」から「頭脳流入」へ

「頭脳流出」は、発展途上国およびその過渡期にある国ぐにから社会経済的な進歩を促進するために必要な高度の専門的知識を奪い続けているので、もはや止めなければならない。国際協力の仕組みは、南北の教育機関の間での長期にわたる共同関係にもとづくものでなければならず、また南・南の協力をも推進するものでなければならない。国外での短期の専門集中的な学習をおこなう地域的、国際的なネットワークを形成する中心的な機関での発展途上国の養成計画に優先順位が与えられなければならない。高度に養成を受けた学者および研究者がその出身国に永久的または一時的に帰国することを推進するための国の政策ないし国際的な取り決めをつうじて、熟達した人的資本を誘致し、保持することに結びつく環境を創造することに考慮が払われなければならない。同時に、その国際的な広がりによって機関や施設の建設および充実を推進して、内在的な能力の十分な活用をうながす協力計画をつうじて、「頭脳流入」の過程をめざす努力が払われなければならない。この点において、ユネスコの大学間提携計画（UNITWIN）、講座計画をつうじて得られる経験と高等教育における学位および資格の認定に関する地域条約にかかげられた諸原則が、とくに重要である。

第17条　共同関係と協力

当事者、すなわち国および教育機関の意思決定者、高等教育機関の教員および関係職員、研究者、学生、行政職員および技術職員、労働の世界、地域社会の諸集団等の間の共同関係と協力が、変革をやりとげる際の強力な力である。また非政府団体は、この過程における主要な関係者である。これからは、共通の利益と相互尊重ならびに信頼にもとづく共同関係が、高等教育の刷新のための最も重要な基盤とならなければならない。

われわれ、「高等教育世界会議」の参加者は、本宣言を採択し、すべての人びとの教育への権利および個人の成績と能力にもとづいて高等教育に就学する権利を再確認する。

われわれは、世界人権宣言および教育における差別を禁止する条約にふくまれる、高等教育に関する諸原則を実現するために必要なあらゆる措置をとることにより、われわれの個人的および集団的な責任の枠組みのなかで、共に行動することを誓う。

われわれは、平和にたいする責任を厳粛に再確認する。この目的のために、平和をめざす教育を最優先し、2000年の国際平和の文化年の祝賀に参加することを決定する。

　われわれは、それゆえに、この21世紀の高等教育に関する世界宣言・展望と行動を採択する。本宣言にかかげられた諸目標を達成するために、そしてとくに当面の行動のために、われわれは、以下のような高等教育の変革と発展のための優先的行動の枠組みに合意する。

高等教育の変革と発展のための優先行動の枠組み

I　国レベルでの優先行動

1　政府・議会およびその他の意思決定機関をふくめて、国は次のことに取り組まなければならない。

(a) 適切な場合、高等教育は、「能力に応じ、すべての者に等しく開放」されていなければならないことを確立した世界人権宣言の規定に従って、高等教育の改革といっそうの発展のための法制的、政治的および財政的枠組みを設定すること。人種・性・言語・宗教または年齢を理由に、ないし経済的・社会的差異や身体的障害を理由に、いかなる差別も容認されてはならないし、何人もそのゆえに高等教育またはその機関の研究の場、学位制度から排除されてはならない。

(b) 高等教育と研究の結合を強化すること。

(c) 高等教育を全教育制度を活性化する力（catalyst）としてとらえ、活用すること。

(d) 学習者に制度内での最大限の選択の幅と入退学の柔軟性を与えることにより、高等教育機関を生涯学習の場として発展させ、その役割をあらためて規定すること。このことは、高等教育への自由かつ継続的な就学、および移行（bridging）教育計画やそれまでの学習の評価と認定の必要をふくんでいる。

(e) 教育と研究は、知識の確立における緊密に関連する二つの要素であるという事実を考慮し、必要な場合、高等教育・研究機関の間での緊密な連携を確立するよう努力すること。

(f) 地方的・地域的あるいは国レベルの発展にとって高等教育と研究の計画が効果的に寄与することを確実にするために、高等教育機関と他の社会部門との間の協力に関する革新的な計画を開発すること。

(g) 高等教育にたいする各国の責務を遂行し、かつ、人的・物的・財政的資源、人間の発達と教育一般、とりわけ高等教育に関して、とくにここ10年の間に開かれた数回のフォーラムにおいて各国が同意して採択した誓約にたいして責任を負うこと。

(h) 教育課程および教育方法の革新、ガイダンスやカウンセリングをふくむ評

価の過程、および現行の制度的取り決めの枠内での政策決定および機関の運営等、高等教育のあらゆる局面であらゆる関係当事者をふくめて、新しい共同関係を保障する政策大綱をもつこと。

(i) 高等教育におけるあらゆるジェンダーの固定観念を排除し、現在、女性が十分に参加できていないすべての段階およびすべての分野での女性の参加を強化し、そして、とくに意思決定における女性の積極的な参加を高めるための政策を明確にし、実施すること。

(j) 1997年11月のユネスコ総会で承認された「高等教育の教育職員の地位に関する勧告」に述べられているように、高等教育の教員に関する明確な政策を確立すること。

(k) 学生を高等教育における関心の中心にすえ、その当事者の一員と認めること。学生は、制度上適切な組織において、かつ現行の制度的取り決めの枠内で、機関の教育水準（教育課程および教育方法改革をふくむ）の革新、および政策決定にふくまれなければならない。

(l) 学生が自らを自治的に組織する権利をもっていることを認識すること。

(m) 高等教育の質および適切性の不可欠の部分として、教授陣および学生の国内および国際的な移動を推進し、容易にすること。

(n) 高等教育・研究に従事する個々人はもちろん、高等教育機関が社会にたいするその責務を果たすために、学問の自由と機関の自治権行使に必要な諸条件を整備し、保障すること。

2　高等教育の在学者が国際的に認められた比較水準にくらべて低い国ぐには、社会の公的かつ私的部門において高等教育を適切なニーズに見合う水準として保障し、とりわけあらゆる少数者および不利な立場にある人びとの集団の利益をはかる、就学の多様化と拡大のための計画を確立するよう努力しなければならない。

3　普通、技術および専門の中等教育との接合の仕方については、生涯学習の観点から徹底的に再検討されなければならない。いかなるかたちであろうと高等教育への進学は、中等教育を首尾よく修了した者、またはそれと同等の資格を有する者、あるいは、その職業経験にいっそう重きをおいて、正規の中等教育修了証なしに、とくに年輩の学生には年齢にかかわりなく入学資格にかなう者に高等教育への機会を創出しつつ、開放されていなければならない。しかしながら、高等教育への準備が中等教育の唯一ないし第一の目的であってはならず、中等教育は、

広範な職業のための知識・能力および技能を授けるため、必要に応じた補充養成により、労働の世界への準備もおこなわなければならない。労働市場に参加していく者がやがて再び学習にとりかかるよう、移行教育計画の考え方が推進されなければならない。

4 高等教育・研究に関して、工業先進国と発展途上国、とりわけ最後発諸国との間のいよいよ拡大する格差を縮めるための具体的な措置がとられなければならない。また、高等教育・研究に関してはあらゆる経済発展の段階にある国ぐにの間での協力の推進を奨励する具体的な措置も必要である。この目的のための予算の措置をすること、さらに、これら諸国における教育・研究およびトップクラスの専門家の養成への適切な刺激策と財政措置によって協力活動や共同のプロジェクトを維持するために、国家間および国内の産業に関する相互利益的な合意を追求することに考慮が払われなければならない。

Ⅱ 高等教育の制度および機関の段階での優先行動

5 各高等教育機関は、現在および将来の社会のニーズに応じてそれぞれの使命を明らかにしなければならず、かつその使命は、持続可能で環境的にも健全な経済社会発展の必要な水準、文化伝統に関するより豊かな知識と理解によって育つ文化的創造性、より高い生活水準、および人権と民主主義、寛容、相互尊敬にもとづく国内的・国際的協調と平和を達成するうえで、いかなる国や地域にとっても高等教育が不可欠であるということへの自覚にもとづかなければならない。これらの使命は、1997年11月のユネスコ総会によって承認された「高等教育の教育職員の地位に関する勧告」のなかに説明された学問の自由に関する考え方を具体化するものでなければならない。

6 その計画と体制における優先課題を設定するうえで、高等教育機関は、
  (a) 倫理的および科学的、知的厳格さの基準を固く守る必要、および複合領域的横断的なとりくみを考慮に入れなければならず、
  (b) 必要とされる能力および意欲をもつすべての人びとが利益を受けるように就学の制度を確立することに第一義的にかかわらねばならず、
  (c) 社会の持続可能な発展および将来の社会が直面する諸問題の打開に貢献するために、その自治と高い水準の学術を活用しなければならない。高等教育機関

は、複合領域的横断的とりくみにより、現れつつある社会的・文化的・経済的および政治的動向の分析をつうじてあらかじめ警告を発する力量を発展させなければならず、とりわけ以下のことに注意を払わなければならない。

・科学的な根拠にもとづく、質の高さ、研究の社会的適切性および予見的な役割への透徹した感覚。

・基本的な社会問題、とりわけ貧困の除去、持続可能な開発、異文化間の対話および平和の文化の構築に関する知識。

・研究の分野ですぐれた実績を有する優秀な研究組織ないし機関との密接な連携の必要。

・21世紀をめざす教育に関する国際委員会が1996年にユネスコに提出した報告書に述べられた諸勧告および教育の新しい目標の視点に立つ全教育制度の発展。

・それぞれの職業および人間的営みのすべての分野に適用される人間的倫理の基本。

(d) とくに大学においては、可能な限り、教授陣が教育・研究・学生指導および機関の運営業務に参加することを保障しなければならず、

(e) 課題や問題、さまざまな主題を分析する際の、学際的かつ横断的とりくみにより、地域社会にたいする奉仕、とりわけ貧困・不寛容・暴力・非識字・飢餓および疾病の除去をめざす諸活動を強化するために必要なあるゆる措置を講じなければならず、

(f) 責任ある自治と学問の自由を守りながら、人間性に関する差し迫った諸問題の解決のための行動と研究の相互的調和をはじめ、関係するすべての社会的当事者との有効なパートナーシップをふくむ新しい原則の上に労働の世界との関係を確立しなければならず、

(g) 国際的な評価の高い質を保障し、自治と学問の自由への正当な尊重を伴いつつ、機関が機能するうえで正常かつ本来的であるアカウンタビリティおよび機関内外の評価を考究し、さらに、これに関しての透明性の高い仕組み、組織ないし機構を制度化しなければならず、

(h) 生涯教育は、主として短期の高等教育にもとづいておこなわれる現行の仕組みにおける以上に、教育技術や学習方法を革新し改善することを教育研究職に要請するため、適切な教育研究職の研修組織および／あるいは機構と計画を確立しなければならず、

(i) 人文科学・社会科学および芸術をふくめ、その発展の適切性が確認されたす

べての学問分野で、あらゆる高等教育制度の不可欠の特徴である研究を推進し、発展させなければならない。また、高等教育そのものに関する研究も、ユネスコ／国連の高等教育フォーラムおよびユネスコ高等教育講座のような機構をつうじて強化されなければならない。就学・平等・質・適切性および多様化のような基本的な国レベルの目標に向けて不断の進展を保障するために、客観的かつ適時の調査などが必要である。

(j) 教育課程および研究におけるジェンダーの不平等および偏見をとりのぞき、かつ管理運営のすべての段階で、学生および教員の男女双方の均衡のとれた代表を保障するようあらゆる適切な措置をとらなければならず、

(k) 学生の生活条件を改善する措置をふくめて、適切な場合、ガイダンス・カウンセリング・補習コース・学習方法の指導およびその他の形態の学生を援助する措置をとらなければならない。

7　高等教育と労働の世界とのいっそう緊密な関係をつくる必要は世界的に重要であるが、この課題は、発展途上国およびとくに経済発展の低い水準にある最後発諸国にとってとりわけ重要である。これら諸国の政府は、高等／専門／職業教育などの機関を強化するなどの適当な方策をふくめて、この目的を達成するための適切な措置を講じなければならない。同時に、これら諸国に高等教育と産業の共同事業の立ち上げを支援するための国際的とりくみが求められている。マイクロクレディットシステムや他の刺激策の積極的な経験にならい、高等教育の卒業者が、小規模ないし中規模企業をはじめることができるよう、多様な仕組みをつうじて支援されるような方策に考慮を払う必要がある。教育機関のレベルにおいては、求職者であるだけでなく、職の創出者であることをますます要請される卒業者の雇用価値を高めるために、起業家的能力と進取の気性の開発が高等教育の主要な関心事とならなければならない。

8　生涯をつうじて、教育を促進するためにはもちろん、高等教育機関を支援し、学問の発達を補強し、機会を拡大し、世界的視野を獲得し、そして知識を広げるうえで、新しい科学技術の利用が最大限可能な限り普及されなければならない。政府、教育機関および民間部門は、情報科学および通信ネットワークのインフラ、コンピュータ設備および人材養成が十分に整備されることを保障しなければならない。

9　高等教育機関は、成人の学習者に開放されなければならない。それは、

　(a)　多様な状況の下でおこなわれた学習の成果を認定し、その認定が教育機関、社会の諸部門および国のそれぞれの内部および相互の間で互換可能であることを保障するための整合性のある制度を開発することによって。

　(b)　高等教育と地域社会合同の研究・養成共同組織を設置し、かつ、高等教育機関のサービスを大学の外部の諸集団に提供することによって。

　(c)　成人教育と成人学習のあらゆる局面で成人の学習者自身の参加による学際的研究をおこなうことによって。

　(d)　柔軟かつ開放的、創造的方法で成人学習の機会をつくりだすことによって。

Ⅲ　国際的レベルで取り組まれるべき、そして、とりわけユネスコが着手すべき行動

10　共同こそが、高等教育の機関および制度の制度的使命のかなめとして考えられなければならない。政府間組織、支援機関および非政府組織は、知識の生産と活用の重要な分野で富裕国と貧困国との格差を埋める手だてとして、連帯と共同にもとづく姉妹大学方式による大学間共同プロジェクトを発展させるよう、その活動を広げなければならない。それぞれの高等教育機関は、国際協力を強化し運営するための適切な組織および／あるいは機構の創出を企画しなければならない。

11　ユネスコ、およびその他の政府間組織、高等教育の分野で活動する非政府組織、二国間および多国間の協力計画をもつ国ぐに、学術共同体および社会における関係するすべての共同者は、高等教育での研究、学位、資格の認定に関する地域条約の適用に責任を有する六つの政府間委員会の合同作業計画（1999~2005）を強く支援し、かつ、南南協力や高等教育機関をほとんど／ないしまったくもたない後発諸国および小国の必要にとくに重点をおき、とりわけ教育認定の移転計画の設定を要する大規模な協力活動によって、将来の地球規模の知識社会の主要な要素として連帯をもたらし、強化するための知識と知識共有を前進させる手段としての国際的な学術の移転をさらに推進しなければならない。

12　工業先進国の高等教育機関は、発展途上国の姉妹機関、とくに貧困国のそれとの国際協力協定を結ぶよう努力しなければならない。その協力において、高等教育機関は外国での研究にたいする公平かつ公正な認定を保障するよう努力しなけ

ればならない。ユネスコは、確実な成果を生むように明確な目標を設定し、全世界の高等教育を発展させる先頭に立たなければならない。国内的、地域的および国際的な高等教育機関のネットワークに依拠して、とくに大学間提携／ユネスコ講座計画により、発展途上国に拠点的研究機関をつくり、かつ／または強化する努力を更新して世界の諸地域で計画を実施することは一つの方法だろう。

13　ユネスコは、また、社会の関係するすべての部分と協力して、「頭脳流出」の否定的影響を緩和し、「頭脳流入」のダイナミックな過程に移行するためのとりくみを起こさなければならない。頭脳流出の原因と結果に関する全面的な分析が世界のすべての地域で必要である。国際社会の共同努力をつうじ、学術的連帯にもとづいた活力ある運動が開始されなければならず、退職直後の学者やキャリアの最初の段階にある若い研究者で発展途上国の高等教育で教育し研究してみたいと希望する大学ボランティアのみならず、国籍を離脱した研究者が母国に帰ることを励まさなければならない。同時に、発展途上国が自らの努力で自己の教育力を築き、強化するよう支援することが重要である。

14　この枠組みのなかでユネスコは、

（a）政府間組織、国際組織および非政府組織、諸機関および高等教育における国際協力のために現におこなわれている計画や課題を後援する財団などの間のいっそうの協力を推進しなければならない。さらに、共同の努力は国の優先課題の状況に即しておこなわれなければならない。このことは、集団的な合意と検証によって、資源の共同化と共有につながり、企画の重複を避け、事業をいっそう明確にし、行為の影響を増大し、高められたその正当性への確信を強化しうる。知識の急速な移転、教育機関の開発への援助、および知識の全領域、とりわけ平和教育、紛争解決、人権および民主主義のための拠点的機関の設置をめざす諸計画が、教育機関により、また公私の寄付者によって支援されなければならない。

（b）国連大学、各国内委員会およびさまざまな政府間組織・非政府組織と協力して、以下の課題を目標とする、高等教育の諸問題を考察するフォーラムにならなければならない。すなわち、（ⅰ）世界のあらゆる地域の高等教育問題の状況に関する最新の報告書を作成する。（ⅱ）生涯教育における高等教育の特別な役割の強化をめざす養成・研究の革新的プロジェクトを推進する。（ⅲ）国際協力を強化し、かつ、市民性教育、持続可能な開発および平和のための高等

教育の役割を高める。そして、(iv) 情報交換を促進し、かつ、適切な場合、高等教育改革の諸問題に直面する教育機関からの相談に応じうる成功した経験や革新に関するデータベースを作成する。

(c) 世界の最後発地域および紛争や自然災害の影響をこうむっている地域の高等教育機関を支援するための特別な行動をとらなければならない。

(d) 発展途上国での研究拠点の創設あるいは／およびその強化のための新たな努力をしなければならない。

(e) 「高等教育の教育職員の地位に関する勧告」に関連する学問の自由と自治、および社会的責任に関する国際基準文書を率先して作成しなければならない。

(f) 国連大学、高等教育に関するNGOの集団協議およびユネスコ学生フォーラムをふくむ、その他の政府間組織と非政府組織、およびすべての高等教育の当事者と協同して、本高等教育世界宣言および優先的行動の枠組みの追求を保障しなければならない。この追求を進めていくうえで、ユネスコは高等教育の分野での国際協力を推進するために決定的な役割を負わなければならない。ユネスコの次期計画案および予算案の拡大において、この課題にふさわしい優先度が与えられるよう、考慮されねばならない。

【ユネスコ文書】

科学と科学的知識の利用に関する宣言
および
科学アジェンダ——行動のための枠組み

Declaration on Science and the Use of Scientific Knowledge
and
Science Agenda - Framework for Action

採択　1999年7月1日　世界科学会議

科学と科学的知識の利用に関する宣言

科学アジェンダ——行動のための枠組み

科学と科学的知識の利用に関する宣言

前　文

1　われわれのすべては、同じ惑星に生きており、その生命圏の構成要素である。われわれは、われわれがいよいよ相互依存が増大するなかにあるということ、そして、われわれの未来が、全地球的な生命維持システムの保全とあらゆる形の生命の存続とに本質的に結びついているということを認識するにいたっている。世界の諸国民と科学者は、科学のあらゆる分野からの知識を、濫用することなく、人類の要求と熱望に向けて責任をもつ仕方で活用することの緊急性を認識するよう要請されている。われわれは、物理学や地球科学、生物学、生物医学および工学といった自然科学、そして社会科学および人文科学等あらゆる分野の科学的努力を横断する積極的な協力を追求している。「行動のための枠組み」は、この前提、活力と同時に、自然科学が伴う負の潜在的結果、したがって社会にたいするその影響と社会との関係への理解の必要をも強調しているが、本宣言に規定する課題および責任と同様に、科学にたいする責任は、諸科学の全分野にかかわるものである。あらゆる文化は普遍的価値をもつ科学的知識に貢献することができる。科学は人類の全体に奉仕すべきであり、かつ、自然と社会についてのより深い理解、生活の質の向上、そして現在および将来の世代にとって持続可能で健全な環境をすべての人に提供することに貢献しなければならない。

2　科学的知識は人類にとって多大な恩恵となるめざましい革新をもたらした。平均寿命は著しくのび、多くの疾病にたいする治療法が発見された。農業生産は、増加する人口の需要に応えて世界のいたるところで飛躍的に向上した。技術開発と新エネルギー源の活用により骨の折れる労働から人類を解放する機会がつくり出された。同時にまた、工業生産物および生産過程の範囲の拡大と複雑化の発生を可能ならしめた。通信、情報処理およびコンピューター技術の新しい方法を基礎とする工学技術は、社会全般にとっても科学的営為にとっても空前の機会と課題をもたらしている。宇宙および生命の起源と機能、進化に関する不断に進展する科学的知識は、人類の行動と展望とに深く影響を与える概念的かつ実際的なアプローチを人類に提供するものである。

3　科学的進歩の応用と人類の活動の発展、拡大は、その明らかな恩恵に加えて、同時に環境破壊や技術上の災害を生み出し、また、社会的な不均衡ないし排除の一因ともなった。一例をあげるならば、科学的進歩は、通常兵器と大量破壊兵器をふくむ高性能の兵器の製造を可能にした。いまや、新しい兵器の開発、製造にあてられる財源の削減を要求し、少なくともその軍需生産と研究設備の一部を非軍事的活用に転換する好機である。国際連合は、永続する平和に向かってのステップとして、2000年を「平和の文化のための国際年」とし、2001年を「国連・諸文明間の対話の年」とすることを宣言しており、科学者の共同体は、社会の他の分野とともに、この過程で重要な役割を果たすことができるし、また果たさなければならない。

4　今日、諸科学における空前の進歩が予見されるなかで、科学的知識の生産と活用に関する活発かつ広範な民主的論議が必要となっている。科学者の共同体と政策決定者は、かかる論議をつうじて科学にたいする社会の信頼と支持の強化を追求しなければならない。諸科学および社会諸科学の双方にわたるいっそう大きな学際的努力こそ、倫理、社会、文化、環境、ジェンダー、経済、および健康上の諸問題へのとりくみの前提である。いっそう公正で、繁栄した、持続可能な世界をめざす科学の役割を高めるためには、より大きな資金の投入、その優先度の見直し、および科学的知識の共有をつうじて、あらゆる公私の当事者たちの長期的な関与が要請されるのである。

5　科学の恩恵の多くが、国や地域、社会集団の間および両性間での構造的不均衡の結果として、公正に分配されてはいない。科学的知識が富の生産における決定的要因になっているので、その分配はいっそう不平等になってきている。貧しいもの（人びとであれ、国ぐにであれ）を富めるものから区別するものは、所有する財産が少ないことと同時に、科学的知識の創造と恩恵からほとんど排除されていることによるものである。

6　1999年6月26日から7月1日に、ユネスコ（UNESCO）およびイクシュ（ICSU：国際科学会議）の後援により、ハンガリーのブダペストで開催された「21世紀の科学、新たな責任」に関する世界会議への参加者・われわれは、

7　今日、自然諸科学がどのような状態にあり、いずこに向かいつつあるか、それ

らの社会的影響が何であり、社会はそれらに何を期待しているのかを考慮し、

8　21世紀には、科学は連帯を基礎としてすべての人びとを益する共有の財産とならなければならないこと、科学は自然および社会の現象の理解にとって強力な方策であること、そして、社会と環境の関係のいっそうの複雑化がよりよく理解されるために将来において科学の役割はまちがいなくいっそう大きくなるであろうということを考慮し、

9　とくに政策の形成および規制の設定において科学が果たす重要な役割をふくんで、公私の意思決定における科学的知識の必要性がいよいよ高まっていることを考慮し、

10　ごく幼い時期からの平和目的のための科学的知識へのアクセスがあらゆる男女の教育への権利の構成要素であること、そして科学教育は、人間の発達、内発的な科学的能力の創造、および能動的で学識ある市民の創出にとって不可欠であることを考慮し、

11　科学研究とその応用は、貧困の緩和をふくむ経済成長および持続可能な人間的開発にとって重要な利益を生むであろうこと、そして、人類の将来は以前にもまして知識の公正な生産と普及、活用にいっそう大きく依存するようになるであろうことを考慮し、

12　科学研究は保健と社会介護の分野における主要な推進力であること、および科学的知識をさらに活用することが人類にとっての保健の質を改善するうえで大きな可能性をもっていることを考慮し、

13　今日のグローバル化の進展とそのなかでの科学・技術の知識がもつ戦略的な役割を考慮し、

14　発展途上国での科学の能力と基盤を改善して、途上国と工業国との格差を縮小することが緊急に必要であることを認識し、

15　情報通信革命が、科学的知識の交流および教育・研究の進展にとって、新たな、

かつより有効な手段を提供するものであることを考慮し、

16　科学研究と教育にとって、公的領域に属する情報・資料を十分かつ公開的に活用することの重要性を考慮し、

17　科学・技術の発展に関連した社会的変化の分析およびその過程で生起する諸問題の解決のための研究において社会諸科学が果たす役割を考慮し、

18　国際連合の諸機関その他の組織によって開かれた主要な会議、およびこの世界科学会議に関連する会議の諸勧告を考慮し、

19　科学研究と科学的知識の活用は、「世界人権宣言」に従い、かつ「ヒトゲノムと人権に関する世界宣言」にかんがみて、人権および人間の尊厳を尊重しなければならないことを考慮し、

20　科学の応用のなかには、個人と社会にとり、また、環境および健康にとって有害なこともあり、場合によっては人類の存続への脅威にもなることがあること、そして、科学の貢献は平和と発展、全地球的安全と安定のために不可欠であることを考慮し、

21　科学者は、他の主要な関係者とともに、倫理的に誤っているか、または負の影響を生むような科学の応用を防止すべく努力する特別な責任を有するものであることを考慮し、

22　科学の実践と応用は、広く掘り下げられた論議をふまえての適切な倫理的条件を充たすことが必要であることを考慮し、

23　科学研究と科学的知識の応用は、わが地球の生命維持システムはもちろんのこと、あらゆる多様な生命を尊重し、保全しなければならないことを考慮し、

24　あらゆる科学関連の諸活動への参加で男女の歴史的な不均衡が存在することを考慮し、

25 障害者、先住民および人種的少数集団など（以下、「社会的不利益集団」という）をふくむ、他の集団および両性の完全な参加を妨げてきている諸々の障害が存在することを考慮し、

26 世界観と世界の理解を生き生きと表現するものとしての伝統的、地方特有の知識体系は、科学・技術への貴重な貢献をなしうるものであり、また歴史的にもそうであったこと、そしてこの文化遺産と経験的知識を保存し、保護し、研究し、前進させる必要があることを考慮し、

27 科学と社会との新しい関係は、貧困や環境破壊、不十分な公衆衛生、食糧および飲料水の安全確保といった、とりわけ人口増と関連する差し迫った地球的諸問題に対処する必要があることを考慮し、

28 社会の福祉への科学者の重大な責任はもとより、政府および市民社会、生産部門の側での科学に対する重大な責任を果たすことが必要であることを考慮して、

以下、宣言する。

1 知識のための科学・進歩のための知識

29 科学的努力の固有の役割は、自然と社会についての包括的で徹底的な探求をおこない、新しい知識を生み出すことである。この新しい知識は、教育、文化、知性の内容を豊かにし、技術の進歩と経済的利益をもたらすものである。基礎研究および問題志向研究の奨励は、内発的な発展と進歩の達成にとって不可欠である。

30 政府は、国の科学政策をつうじて、また、関連する当事者間の相互作用と連絡を促進する触媒としてはたらき、知識の獲得、科学者の養成、民衆の教育において科学研究が果たす要としての役割を確認しなければならない。民間部門で財政負担される科学研究は、社会・経済の発展にとって重要な要因となってきているが、しかしこのことは公的に財政負担される研究の必要性を排除しうるわけではない。公私の両部門は、長期的目標のもとに科学研究を財政的に支えるうえで、緊密な協力と相互補完的方法で取り組まなければならない。

2 平和のための科学

31 科学的思考の本質は、不断に批判的分析を受けながら、異なった視点から諸問題を検討し、自然と社会の現象についての理解を追求するその能力にある。このように科学は批判的で自由な思考に依拠するものであり、このことは民主主義の世界で不可欠なものである。科学の共同体は、国や宗教、人種を超えた長年の伝統を共有するものであり、ユネスコ憲章に掲げられ、それこそ平和の文化の基礎である「人類の知的、道徳的連帯」を前進させなければならない。科学者の間での全世界的な協力は、グローバルな安全保障にたいする貴重で建設的な貢献であり、また、異なる国民、社会、文化の間での平和的な相互作用の発展にとっても同様な貢献であって、核軍縮をふくむ軍縮をさらに大きく進めるうえでの激励となるであろう。

32 政府および社会一般は、紛争の根本的な原因とその影響を検討する手段として自然科学、社会科学および工学を活用することの必要性を理解しなければならない。それらのとりくみにかかわる科学研究への財政支出は増大されなければならない。

3 発展のための科学

33 今日、以前にもまして、発展のために科学とその応用が不可欠となっている。あらゆる段階の政府および民間部門は、経済的、社会的、文化的、かつ環境面からも健全な発展のための不可欠な基礎として、適切な教育研究計画により十全かつゆきとどいた科学・技術能力を形成するために、いっそう強力な支援を与えなければならない。このことはとりわけ発展途上国にとって緊急である。技術の発展は、強固な科学的基礎が必要であり、安全かつ清潔な生産、いっそう効果的な資源の活用、そして環境により優しい生産物という課題への確固とした方向が必要である。科学・技術は、雇用の改善、競争力の向上および社会的正義の実現に向けて、これまた確固としてめざされなければならない。これらの諸目的の達成、および、この惑星の天然資源の基礎と生物の多様性、生命維持システムへのよりよい理解と擁護をめざす科学と技術への資金投入が増大されなければならない。その目的は、経済、社会、文化、環境の側面の統合によって持続的発展の運用を

めざすものでなければならない。

34　あらゆる段階および形態をふくむ、差別のない、広い意味での科学教育は、民主主義および持続可能な発展の保障にとっての基礎的な前提条件である。近年、全世界的な規模で、すべての者への基礎教育を振興することが取り組まれてきている。食糧の生産および保健衛生に科学の発展を応用するうえで女性が果たす基本的な役割が十全に認識され、かつ、これらの分野での科学の進歩について女性の理解を強める努力をすることが重要である。科学の教育と伝達、大衆化が構築される必要があるのはこの舞台なのである。社会的に不利な立場の集団にたいしては特別な留意がなお必要である。新しい知識の適用をめぐる意思決定への公衆の参加を改善するために、推論の能力や技術、倫理的価値の評価はもちろん、社会のあらゆる文化と部門で科学を活用する能力を発展、拡大することが従来にもまして必要である。科学の前進は、科学教育の促進と現代化（modernization）、およびすべての教育段階での科学教育の調整という点で大学の役割を特別に重要なものとする。すべての国、とりわけ発展途上国において、国家的優先度を考慮しつつ、高等教育および大学院の教育計画における科学研究を強化することが必要である。

35　科学的能力の構築は、国や集団、個人にたいするいかなる差別もなしに、人間の創造力の平等な発達、普及と活用を保障するために、地域的、国際的協力によって支援されなければならない。先進国と発展途上国との間の協力は、情報への完全かつ自由なアクセス、平等互恵の原則に合致しておこなわれなければならない。協力に関するあらゆる努力において、伝統および文化の多様性が正当に考慮されなければならない。発展途上国および中進国と科学における共同の諸活動を高めることが発展した世界の責任である。地域的、国際的協力をつうじて、科学研究における国内の必要人員の創出を援助することは、小さな国および最後発国にとって特別に重要である。大学のような科学研究機構が存在するということは、その国での人材の育成にとって、その他の職業という観点からも、基本的な要素である。このような、そしてその他の努力をつうじて、頭脳流出を減少させ、逆の方向に変えるようにする好ましい条件が創り出されなければならない。しかしながら、科学者の自由な移動を制限するようないかなる措置も講じられてはならない。

36 科学の進歩のためには、多国間共同研究、南南諸国間をふくむ研究ネットワーク、あらゆる国ぐにの必要と進歩のための先進国・発展途上国の科学共同体をふくむ協力関係、奨学制度や補助金、共同研究の推進、知識の交流を支援する諸計画、とりわけ発展途上国で国際的に認知された科学研究センターの充実、大規模プロジェクトの共同推進と評価、財政支出およびそれへの広範な参加のための国際的とりきめ、複合的諸問題の科学的評価のための国際委員会、そして、大学院での人材養成推進の国際的とりきめといった国際間および政府、非政府レベルおよびそれら相互間レベルでの多様な協力が必要である。学際的な共同のための新しいイニシアチブが要請されている。基礎研究の国際的特質が、長期的研究課題や国際協力研究、とりわけ全地球的関心の研究課題にたいする支援を抜本的にふやすことによって強化されなければならない。このことに関して、研究支援の継続性が必要であることがとくに留意されなければならない。発展途上国の科学者が、これらの研究施設を利用することが積極的に支援され、また、科学的能力の基礎のうえにすべての人に開放されなければならない。とくにネットワークをつうじての情報・通信技術の活用は、知識の自由な普及を促進する手段として拡大されなければならない。同時に、かかる技術の活用が多様な文化の豊かさと表現の手段を否定ないし制限することにならないよう、注意が払われなければならない。

37 本宣言に規定された諸目標に取り組もうとするすべての国にとって、国際的なとりくみと並行して、第一に、国の戦略と制度の整備および財政制度が、この新たな状況のもとでの持続可能な発展における科学の果たす役割を強化すべく、制定され、あるいは改定されなければならない。そこでは、とりわけ、以下の事項がふくまれなければならない。すなわち、主要な公私の関係者とともに発展させるべき科学についての国の長期政策、科学教育および科学研究への支援、国レベルの革新システムの構成部分としての研究・開発機関および大学・産業界の間での協力の発展、危機の評価と管理、危険防止、安全、保健のための国レベルの研究機関の創設と維持、そして投資と研究、刷新への刺激策などである。議会と政府は公私の部分での科学技術の能力を促進することを要請される。科学に関する意思決定および優先度の決定は、総合的開発計画と持続可能な開発戦略の不可欠の構成部分としておこなわれなければならない。この点に関して、最近主要8カ国の債権諸国が若干の発展途上国の債務減額に乗り出した先導的とりくみは、国および地域の科学・企業の研究システムを強化するために、科学へ資金供給の適

切な機構を設立しようとする、先進国と発展途上国との間の共同の努力の助けと
なるであろう。

38　知的所有権は全世界的に適切に保護される必要があり、資料および情報の活用
は、科学研究活動をおこなうためにも、また科学研究の成果を社会の具体的な恩
恵に転化していくためにも不可欠なものである。知的所有権の保護と科学的知識
の普及とは相互支援的なものであって、その両者の関係を強化する措置がとられ
なければならない。知識の公正な生産と普及、活用に関して、知的所有権の範囲
と程度および適用についての考慮が必要である。また、発展途上国などの伝統的
知識・資源・生産物の特別な必要に適応し、この知識の慣習的ないし伝統的な所
有者の理解と同意を基礎にその認知と十分な保護とを保障するための、適切な国
内的法制をいっそう発展させることも必要である。

4　社会における科学と社会のための科学

39　科学研究の実践とその研究から生み出される知識の活用は、貧困の克服をふく
めて常に人類の福祉をめざさなければならず、また、人間の尊厳と諸権利および
地球環境を尊重しなければならず、かつ、今日および将来の世代にたいするわれ
われの責任を十分に考慮しなければならない。これらの重要な諸原則にたいする
あらゆる当事者の新しい責任の自覚がなければならない。

40　倫理的諸問題を適切な仕方で議論できるように、新しい発見や新たに開発され
た技術のあらゆる可能な利用と結果に関する情報の自由な伝達が保障されなけれ
ばならない。それぞれの国は、科学の実践および科学的知識の利用とその運用に
かかわる倫理体系に取り組む適切な措置を確立しなければならない。それには、
反対意見や反対者を公正で責任ある仕方でとりあつかうための法の適正手続きを
ふくまなければならない。この点に関して、ユネスコの「科学知識と技術の倫理
に関する世界委員会」（World Commission on the Ethics of Scientific Knowledge
and Technology）が相互交流の手段を提供することができる。

41　すべての科学者は高い倫理基準を自らに課するべきであり、国際人権諸規定に
掲げられた当該基準にもとづいた倫理綱領が、科学を専門とする職業にたいして
確立されなければならない。科学者の社会的責任は、彼らが高い水準の科学的誠

実さと質の管理（quality control）を維持し、その知識を共有し、社会とつうじ合い、若い世代を教育することを要請する。政府当局は科学者によるこのようなとりくみを尊重しなければならない。科学の教育内容は、歴史、哲学および科学の文化的影響の教育と科学倫理をふくまなければならない。

42　科学へのアクセスの平等は、人間的発達のための社会的・倫理的要請であるだけでなく、同時に、科学の共同体がもつあらゆる可能性を世界中で実現し、人類の必要にみあった科学の進歩を志向するうえでも必要なことである。世界の人口の半数以上を占める女性が、科学に関する職業につき、その職能を追求し、前進するうえで、また、科学・技術の意思決定に参画するにあたって直面する諸困難は、早急に対処されなければならない。社会的に不利な立場にある集団の十全かつ有効な参画を妨げている諸困難に対処することも同様に緊急な課題である。

43　世界の政府と科学者は、保健貧困という複雑な諸問題、および諸国間の、そして国内の地域間での保健をめぐる不平等の増大という事態にたいして、保健の水準を高め、公正化し、すべての人にたいする質の高い保健管理の保障を改善するという目標をもって、取り組まなければならない。このことは、科学・技術の進歩を活用し、あらゆる当事者間の強固で長期的な共同関係を発展させこの課題に焦点化した諸計画により、教育をとおして取り組まれなければならない。

44　「21世紀の科学、新たな責任」に関する世界会議に参加したわれわれは、科学への教育と科学の恵沢をめぐるあらゆる差別を除去するための、科学の共同体と社会との間の対話を促進させる可能性を実現するために、かつ自らの責任の範囲で倫理的、共同的に行動するために、そして世界中で科学の文化とその平和的応用を強化するために、さらに、人類の福祉および持続可能な平和と発展のために科学的知識の活用を促進するために、以上に掲げられた社会的、倫理的諸原則を考慮に入れて、あらゆる努力をつくすことを誓約するものである。

45　われわれは、本会議の文書「科学アジェンダ——行動のための枠組み」が科学にたいする新たな誓約の実践的な表明であり、今後、国際連合の諸機関、および科学のとりくみにかかわるすべての当事者の間の共同関係にとっての戦略的指針として役立つものであると考える。

46　それゆえに、われわれは、この「科学と科学的知識の利用に関する宣言」を採択し、本宣言に規定された諸目標を達成する手段として、「科学アジェンダ——行動のための枠組み」に合意するとともに、ユネスコおよび国際科学会議にたいして、それぞれの総会にこの二つの文書を提出することを要請する。この二つの文書は国際連合の総会でも了承されることになろう。その目的は、両機関がそれぞれの事業計画で追跡の活動を確認し、具体化することを可能にするためであり、また科学における国際的な協調と共同を強化するために、すべての協力者、とくに国際連合諸機関の協力者の支持を動員するためである。

科学アジェンダ——行動のための枠組み

前　文

1　1999年6月26日から7月1日にユネスコ（UNESCO）およびイクシュ（ICSU：国際科学会議）の後援の下、ハンガリーのブダペストで開催された「21世紀の科学に関する世界会議、新たな責任」に参加したわれわれは、以下のとおり言明する。

2　国際平和の諸目標と人類共通の福祉の促進は、われわれの社会の最高にしてかつ最も崇高な目的の一つである。半世紀以上も前にユネスコおよびイクシュが創設されたことは、世界の諸人民の間の科学、教育、文化の諸関係をとおして、この諸目標を前進させようとする国際的決意の象徴であった。

3　上記の諸目標は、50年前と同様に今日なお正当なものである。しかしながらその諸目標達成の手段は、この半世紀、科学技術の進歩により大きく改善されてはきたのだが、同時にその目標に脅威となり、かつそれを危険にさらす手段もつくり出されてきた。この間、政治的、経済的、社会的、文化的、さらに環境的状況もまた根本的に変化してきており、この変化した状況の下での諸科学（物理学や地球科学、生物諸科学、生物医学および工学等の自然諸科学、そして社会諸科学および人文諸科学）の役割は、総合的に明確化され、追求される必要がある。ここに新たな誓約の根拠がある。

「科学と科学的知識の利用に関する宣言」を採択し、「科学アジェンダ——行動のための枠組みへの序説ノート※」から示唆を受けて、

4　われわれは、本宣言に宣明された諸目標を達成するための行動の指針および手段として、この「科学アジェンダ——行動のための枠組み」に満場一致で同意する。

5　われわれは、以下に規定される行動指針が、科学研究の直面する諸問題と挑戦、

機会と取り組むための、また、科学的努力におけるすべての実行者の間の現在および将来の共同を国内的にも国際的にも促進するための枠組みを提供するものであると考える。かかる研究的努力と行動は、人類の必要と熱望、価値と合致しなければならず、また、恒久平和と平等、持続可能な開発の追求、自然および将来の世代を念頭におかなければならない。

1 　知識のための科学・進歩のための知識

6　われわれは、知識の進歩を誓約する。われわれは、この知識を人類全体の利益に役立て、今日および将来の世代の生活の質的向上をつくり出すことを願っている。

1.1 　基礎研究の役割

7　各国は、特別に重要な分野で研究・養成の設備を提供することができる高度な科学研究機関を持つことをめざさなければならない。かかる研究機関を創設することが困難な国ぐにの場合には、共同と協力により、国際社会から必要な援助が供与されなければならない。

8　科学研究の遂行は、国内的、国際的レベルでの適切な法制度によって支援されなければならない。この点で、意見表明の自由および知的所有権の保護は特別に重要である。

9　研究集団と研究機関および関連非政府組織は、以下の目的で地域的、国際的諸活動を強化しなければならない。すなわち、科学教育の促進、費用のかかる設備の共同利用、科学情報の普及の促進、科学的知識・データの、とくに先進国と途上国の間での交流、および地球的規模の関連をもつ諸問題への共同のとりくみ。

10　大学は、科学のあらゆる分野での計画が、教育と研究ならびにその双方の共同に重点をおき、かつ科学教育の一部として研究の手ほどきをすることを保障しなければならない。コミュニケーション技術および社会科学の学習も、科学者の教育の一部でなければならない。

11　グローバル化と国際ネットワーク化がいよいよ増大する新しい状況の下で、大

学は新しい機会だけでなく、挑戦にも直面している。たとえば、大学は革新のシステムでいよいよ重要な役割を演じている。大学は、将来の高度に熟練した労働力を教育すること、かつ学生にグローバルな諸問題へのとりくみで必要とされる諸能力を獲得させることに責任を負っている。大学は柔軟でなければならず、かつ、その知識を定期に更新しなければならない。先進諸国および発展途上諸国の大学は、たとえば姉妹校協定などによってその協力を強化しなければならない。ユネスコは情報センター、促進者として活動するであろう。

12　国際連合組織の資金提供国と資金提供機関は、発展途上諸国の研究への支援の質と効率を高めるための協力の促進を要請されている。その共同の努力の結果は、国の優先課題と科学政策を考慮して、国の研究システムを強化することに重点化されなければならない。

13　国内および国際的学会、科学連合、諸協会といった科学者の専門職団体は、研究の推進に重要な役割を果たすものであって、そのゆえに、広範な評価とそれにふさわしい公的支援を与えられるべきである。これらの団体は、世界的に関心のある諸問題での国際的協力を強化するよう勧奨されなければならない。その見解を表明する科学者の自由の擁護者たることもまた勧奨されなければならない。

1.2　公的部門および民間部門

14　政府は、すべての関係部門と当事者を包含する参加機構をつうじて、その国民の必要を確認し、目標のための安定した資金投入を保障して、種々の分野で前進の達成を必要とする公的研究の支援を、優先させなければならない。議会は、それに対応する諸法案および相応の予算を可決しなければならない。

15　政府および民間部門は、科学研究への資金投入の多様な機構の間での十分な均衡を実現しなければならず、かつ、柔軟な計画による公私の共同と新しく生み出される知識の利用の政府による保障をつうじて、新しい資金投入の可能性が、適切な規制と促進の計画によって追求され、かつ促進されなければならない。

16　科学・技術資金を提供する側と受ける側との間には緊密な対話がおこなわれなければならない。大学、研究機関および産業は、いっそう緊密な協力を発展させなければならず、科学・技術プロジェクトへの財政投入は、知識の進歩と科学を

基礎とする産業の強化の手段として活性化されなければならない。

1.3 科学情報と知識の共有

17 科学者と研究機関、学協会およびその他関連の非政府組織は、知識と専門技術の交換をふくめて、国際協力の拡大に努めなければならない。発展途上国の科学者と研究機関による科学情報源の利用を促進するイニシアチブは、とくに奨励され、支援されなければならない。南北からの女性科学者および他の不利な立場の集団を科学のネットワークに十分に組み入れるイニシアチブが実行されなければならない。この点で、公的資金による研究の成果の活用が保障されるよう努めなければならない。

18 必要とされる専門技術を所有する国ぐには、とりわけ世界的な科学者養成のための特別計画への支援をつうじて、知識の共有と移転を促進しなければならない。

19 発展途上国で取り組まれた科学研究の成果の刊行および広範な普及は、先進諸国の支援によって、養成と情報の交換、さらに世界中の科学社会の必要によりよく役立つ書誌情報提供システムをつうじて、促進されなければならない。

20 研究・教育機関は、たとえば電子出版の開発やヴァーチャル教育・研究環境ないしデジタル図書館の設置をつうじて、新情報通信技術に留意し、その影響を評価し、かつその利用を促進しなければならない。科学のカリキュラムは、科学的労働へのこれら新技術の影響を考慮して改訂されなければならない。インターネットで可能な科学・職業教育の国際的な教育計画の設定が、在来のシステムとともに、教育基盤の限界を取り除き、遠隔地に高度の科学教育がとどけられるよう、検討されなければならない。

21 研究社会（the research community）は、科学文献の真実性（authenticity）と完全性（integrity）が電子情報システムの進展のなかで失われないことを確実にするために、出版、図書、情報技術社会（information technology communities）との定期的討議に参加しなければならない。科学的知識の普及と共有は研究過程の不可欠の部分であり、したがって、政府および資金供与機関は、関連基盤の整備その他諸経費が研究予算において十全にまかなわれることを保障しなければならない。適切な法制も同時に必要である。

2　平和と発展のための科学

22　今日、ますます自然・社会科学とその応用は発展にとって不可欠なものとなっている。科学者間での全世界的協力は、世界の安全にとって、また、異なる国民、社会、文化の間での平和的共同の発展にとって、貴重で建設的な貢献である。

2.1　人間の基本的な必要のための科学

23　住民の基本的な必要に取り組むことを明確にめざす研究は、すべての国の発展課題での恒久的課題でなければならない。研究の優先度を明らかにするうえで、発展途上国および中進国は、科学の力量と情報に関して、その必要および弱点のみならず、地域の知識や技能、人的および天然資源などの点での自身の長所をも考慮しなければならない。

24　住民の基本的な必要をまかなう力量をもとうとする国にとって、科学・技術の教育は戦略的に不可欠なものである。この教育の一環として、学生たちは科学技術の知識と技能を活用して、特別な問題の解決と社会の必要に応えることを学ばなければならない。

25　工業諸国は、発展途上諸国の住民の基本問題に対応する共同で設定する科学・技術プロジェクトをつうじて、途上国に協力しなければならない。開発プロジェクトのよりよい計画と実施を保障するために、その影響の入念な研究がおこなわれなければならない。かかるプロジェクトに従事する要員はその活動にふさわしい訓練を受けなければならない。

26　すべての国は、科学的知識を共有しなければならず、また世界中の回避可能な不健康（ill-health）を少なくするために協力しなければならない。それぞれの国は、それ自身の環境に最適の健康改善の優先課題を検討査定し、かつ確認しなければならない。役に立つ疫学上、その他の統計データを集め、それを活用できる人びとに最善の使い方を通報するなどして、地域社会の間での健康の偏差を少なくすることをめざす、全国的、地域的研究計画が導入されなければならない。

27　さまざまな国ぐにの科学資金および科学・技術資源プールのための革新的で経

費効率的メカニズムと努力が、地域的・国際的レベルで関連研究機関による実施のために検討されなければならない。南北間・南南間ともに人的資源交換のネットワークが設定されなければならない。このネットワークは、科学者をして、その専門技術を彼ら自身の国に貢献することを奨励するよう企画されなければならない。

28　資金提供国、非政府組織、政府間組織および国連諸機関は、高い質的水準を維持しつつ、本科学アジェンダで詳述された差し迫った開発上の諸問題に対応するために、科学をふくむそれぞれの計画を強化しなければならない。

2.2　科学と環境、および持続可能な開発

29　国内的・地域的、世界的な環境研究計画が、政府、関連の国連諸機関、科学社会および公私の研究資金を供与される研究諸機関によって、適切に強化され、発展させられなければならない。これらの研究計画は、研究能力の形成計画をふくまなければならない。特別な留意が必要な地域は、淡水問題、水理学的循環、気候変動、海洋、沿岸地域、極地地域、生物多様性、砂漠化、森林伐採、生物地球化学的循環、および自然災害などがふくまれる。現存の国際的地球環境研究計画の目標は、「アジェンダ21」の枠組みおよび諸世界会議の行動計画により活発に追求されなければならない。隣接諸国間および類似の生態的条件をもつ諸国間での協力が、共通する環境問題の解決において支援されなければならない。

30　地球システムの全構成部分は長期的な基盤のうえに系統的に監視されなければならず、このためには世界環境観察システムのいっそうの開発のための政府および民間セクターによる支援の強化が必要である。監視計画の有効性は監視データの広範な活用可能性に大きくかかっている。

31　健康への影響をふくむ地球環境の変化がもたらす人間に与える影響に対応し、かつ自然の体系によって条件づけられる持続可能性への理解を進めるために、自然科学と社会科学の間の学際的研究が、民間セクターをふくむすべての関連する主要な当事者によって強力に活性化されなければならない。持続可能な消費という考え方への着眼もまた、社会科学者、政治学者、経済学者および人口統計学者と自然科学との相互交流を要請する。

32　生物学的多様性の保全、天然資源の管理、自然災害の理解とその影響の緩和等の課題をもつ地域では、文化と環境、開発の関連に取り組む学際的プロジェクトにおいて、現代科学の知識と伝統的知識とはいっそう緊密にならなければならない。これらのプロジェクトには、地域社会およびその他の関係者が参加しなければならない。個々の科学者および科学社会は、これらの諸問題の科学的解説と、それらの問題への対応において科学が重要な役割を果たしうる方法を民衆の言葉で伝える責任をもつものである。

33　政府は、大学および高等教育機関との協力、関連国連諸機関の援助を得て、伝統的、地域的知識をも活用しながら、環境関連の諸科学における人材開発のための教育と養成、施設を拡大し、改善しなければならない。この点に関して、発展途上国においては、国際社会の協力を伴う特別な努力が必要である。

34　すべての国は、被害の予想や危険の評価、短期の自然災害や長期的環境変化による災害の早期警告、備えの改善、適応、影響の緩和、災害管理の全国的な開発計画への統合などでの力量形成を強化しなければならない。しかしながら、われわれは、長期にわたる傾向については固有の不確実性をもつ世界に住んでいることを念頭におくことが重要である。意思決定者はこのことを考慮しなければならず、したがって、予報と監視の戦略の開発を助長しなければならない。予防原則は、とくにとりかえしのつかない災害の影響が想定される状況においては、避けがたい科学的不確実性のとりあつかいの重要な指導原則である。

35　汚染のない持続可能な技術、リサイクリング、再生可能なエネルギー資源、そしてエネルギーの効率的使用等に関する科学・技術研究は、国内的・国際的レベルでの公私のセクターによって強力に支援されなければならない。ユネスコおよび国連産業開発機関（UNIDO）をふくむ、権限をもつ国際機関は、持続可能な技術にもとづいて自由にアクセスできるヴァーチャル・ライブラリーの設置を促進しなければならない。

2.3　科学と技術

36　国家当局と民間セクターは、革新を促進し、科学からの利益を増進し、すべての参加者のために利益を生み出すよう、研究機関と中・小・零細企業をもふくむ産学の共同を支援しなければならない。

37　科学・技術に関連するカリキュラムは、問題解決への科学的なとりくみを助長しなければならない。産学の共同は、工学教育と継続職業教育を援助し、産業の必要への対応と企業から教育分野への援助を強化するよう促進されなければならない。

38　諸国は、それぞれの必要および資源に最適の方法で、革新を前進させる最善の活動を採用すべきである。革新はもはや科学における単一の前進から生まれる直線状の過程ではないのであって、共同をふくむシステムアプローチ、多くの知識分野の結合、そして多くの参加者の間での不断のフィードバックを要請する。共同の研究センターと研究ネットワーク、技術インキュベーターや研究開発用工場団地、そして中小企業への移転と助言の機関などが、可能性のあるイニシアチブにふくまれる。科学・技術の連携に対応する全国的革新システムを助長するイニシアチブをふくんで、特別な政策機関が世界的な経済的、技術的変化を考慮に入れて開発されなければならない。科学政策は、知識を社会的、生産的活動に組み入れることを促進しなければならない。発展途上国に関係する諸問題から出発する工学の内発的生成の課題（issue of endogenous generation）に取り組むことが緊急に必要である。このことは、これらの国ぐにが工学の生成者となるために必要な資源をもたなければならないことを意味するものである。

39　産業、経済、社会の発展を促進するための技術移転の加速は、研究ネットワークや企業間のパートナーシップはもちろん、大学と産業の間および国際間での専門家の移動をつうじて促進されなければならない。

40　政府および高等教育機関は、生涯学習の形態や国際協力の手段を活用し、工学教育、技術教育および職業教育の強化により大きな力点をおかねばならない。雇用者の要請にも合致し、若者にも魅力的な新しいカリキュラムの概要が明確化されなければならない。発展途上国から先進国への養成された人材の不均衡な移住による負の影響を緩和するために、また、発展途上国の質の高い教育と研究を持続するためにも、ユネスコは、世界中の科学・技術の人材のより均整のとれた、かつより密接な相互作用と発展途上国における世界水準の教育・研究の基盤整備を促進することができる。

2.4 科学教育

41 政府は、科学への一般の認識を高め、その普及を奨励し、かつ、ジェンダーの偏見および不利な立場にある集団への偏見の結果を除去することを特別に留意し、すべての段階で科学教育を改善することに最高の優先度を与えなければならない。変化に直面している教員と教育者の専門性の開発を促進するための方策を講じることが必要であり、とくに発展途上国においては、適切に養成された科学教員と科学者養成者の不足に対処する特別な努力がなされなければならない。

42 すべての学校段階の科学の教員および学校教育以外での科学教育に参加する職員は、その教育の仕事で最高の実践ができるように、その知識を不断に更新する機会が利用できなければならない。

43 ジェンダーおよび文化的多様性を考慮に入れて、新しいカリキュラムと教授法、教材が、社会の変化する教育の必要に対応して、全国的な教育機構によって開発されなければならない。科学・技術教育の研究は、ユネスコその他の関連国際機関の協力を得て、世界中の専門センターの設置とそのネットワーク化により国内的にも国際的にも促進される必要がある。

44 教育機関は、教育・研究に関する意思決定への学生の参加を促進しなければならない。

45 政府は、南北および南南協力にとくに力点をおいて、地域的、国際的な高等教育計画および大学学部と大学院のネットワークにたいして、その科学的・技術的資源の基盤を強化するうえでいっそうの支援を供与しなければならない。なぜならば、それらのことがすべての国、とりわけ小さな、最も発展が遅れた国ぐにへの援助の主要な手段であるからである。

46 非政府組織は、科学教育における経験を共有するうえで重要な役割を果たさなければならない。

47 教育機関は、科学以外の分野の学生にたいして基礎的科学教育を与えなければならない。教育機関はまた、科学分野での生涯学習の機会を提供しなければならない。

48 政府および国際機関、関連専門機関は、科学分野のジャーナリスト、マスコミ関係者その他一般大衆の科学的認識を高める仕事にかかわる人びとの養成計画を強化し、発展させなければならない。地域社会の発展に役立つ適切な技術と科学的情報を容易に理解できるかたちで備えられるよう、すべての人びとに利用可能な科学的知識と文化を促進するような国際計画が検討されなければならない。

49 国家の当局と資金提供機関は、科学分野での公教育の重要な領域として科学博物館および科学センターの役割を促進しなければならない。発展途上国の資源が制約されていることを理解して、放送教育が、既存の学校教育と社会教育とを補完するために大規模に活用されなければならない。

2.5 平和と紛争解決のための科学

50 平和と共存の基本原則は、すべての段階の教育の構成要素でなければならない。科学を専攻する学生は、また、科学的な知識・技術を平和と安全を脅かす活動に応用しないという特別な責任についての自覚を与えられなければならない。

51 政府および民間の資金提供団体は、平和の領域および科学・技術の平和的応用において学術的研究をおこなう研究機関を強化ないし発展させなければならない。各国は、全国レベルあるいは国際活動への参加をつうじて、この事業課題への参画を確かなものにしなければならない。戦争の原因と結果、紛争の防止と解決に関する研究への公私の支援が増強されなければならない。

52 政府および民間セクターは、エネルギー消費、資源をめぐる競争、および空気や土壌、水質の汚染といった潜在的な紛争の根源にある諸問題に直接に対応する科学・技術の分野に資金投入をしなければならない。

53 科学者および技術者をふくめて、軍および民間のセクターは、蓄積された武器の貯蔵と地雷によってひきおこされる諸問題の解決を追求するうえで協力しなければならない。

54 政府と市民社会、科学者の代表の間で、軍事費と科学の軍事的利用を縮減するための対話が促進されなければならない。

2.6 科学と政策

55 人材養成の基盤の強化、科学研究機関の設置、科学教育の改善と向上、科学の国民文化への統合、技術の基盤整備と改善、そして技術とその革新の力量を確かなものとするために、科学・技術への一貫した長期的な支援をふくむ国の政策が採用されなければならない。

56 科学・技術政策は、社会的妥当性、平和、文化的多様性およびジェンダーの差異などを明確に考慮するものとして実施されなければならない。科学政策の選択に関して民主的な議論を促進するため、十分な参加の機構が制度化されなければならない。女性はこの諸政策の立案に積極的に参加しなければならない。

57 すべての国は、健全かつ公正な社会・経済発展につうじる短期的、長期的戦略を明らかにするために、若年層をふくむ社会のすべての関連分野からの意見を考慮に入れて、科学・技術政策に関する分析と研究を系統的におこなわなければならない。現在のユネスコの『世界科学報告』姉妹編としての『世界技術報告』は、社会システムと文化への技術の影響に関する均衡のとれた世界の見解を提供するよう考慮されなければならない。

58 政府は、科学・技術政策および科学の社会的性格に関する大学院教育計画を支援しなければならない。情報通信技術、生物多様性、生物工学などの戦略的分野での国際的な研究・開発を管理する法制的、倫理的諸問題や規則に関する基準が科学者および関係専門家のために開発されなければならない。科学の管理者および意思決定者は、科学・技術分野での現代社会のニーズの変化に対応する養成と内容の革新のための定期的な情報入手の機会をもたなければならない。

59 政府は、効果的な科学・技術政策の決定に必要な科学および研究開発活動に関して、ジェンダーならびに不利な立場にある集団の、個別的に分析された確実なデータを提供しうる全国統計事業のいっそうの開発あるいは設置を促進しなければならない。発展途上国は、この点で、ユネスコその他の国際機関の技術専門家を活用し、国際社会から援助されなければならない。

60 発展途上国および移行段階の国の政府は、科学職、教育職、技術職の地位を高めなければならず、労働条件を改善し、養成された科学者を保全する力量を強化

し、科学・技術分野での新しい職業を増大させるよう断固たる努力を払わなければならない。また、これらの諸国から先進諸国に移り住んでいる科学者、工学者、技術者との協力を樹立する計画が設定または促進されなければならない。

61　政府は、経済的、技術的転換の過程に対応する政策決定において、科学の専門的知識をいっそう系統的に活用する努力を払わなければならない。科学者の貢献は、産業の発展ないし再構築をめざす革新あるいは対策を支援する計画にとって不可欠なものでなければならない。

62　科学的助言は、複雑な世界での情報にもとづいた政策決定をおこなうために、いよいよ必要な要素である。それゆえ、科学者および科学団体は、知りうる限りの独自の診断を提供することが重要な責任であると考えなければならない。

63　すべての段階の政府は、十分に広範囲の最高の専門家から構成された、科学者集団からの最もよく利用しうる助言を適時に利用することを保障する機構を設立し、定期的に再調整しなければならない。これらの機構は、公開され、客観的かつ透明なものでなければならない。政府は、広く自由に手にしうるメディアでこの科学的助言を公表しなければならない。

64　政府は、国連機構の諸機関および国際科学団体と協力して、地域的、世界的な政府間の政策合意形成、および地域的、国際的条約の実施への必要な貢献として、国際的な科学的助言の過程を強化しなければならない。

65　すべての国は、知的所有権を保護しなければならず、かつデータと情報の利用が科学的進歩にとって不可欠であることを認識しなければならない。適切な国際法体制の発展において、世界知的所有権機関（WIPO）は、関連国際機関との協力の下に、知識の独占の問題に不断に取り組まなければならず、また、世界貿易機関（WTO）は、トリップ鋼協定に関する新しい交渉期間中に、科学者集団の完全な参加により、この協定を南側諸国の科学の進展への財政投入をめざす手段に組み込まなければならない。この点に関して、イクシュの国際計画およびユネスコの五つの政府間科学計画は、とりわけ、データの収集と処理の両立の可能性を改善し、かつ科学的知識の利用を強化することによって、促進剤の役割を果たさなければならない。

3 社会における科学と社会のための科学

66 科学的研究の実施と科学的知識の活用は、常に人類の福祉をめざし、かつ、人間の尊厳とその基本的権利を尊重し、そしてまた、将来の世代にたいするわれわれの共有する責任を十分に考慮するものでなければならない。

3.1 社会の要請と人間の尊厳

67 政府および国際団体、研究機関は、各国の優先度に従って、差し迫った人間的、社会的諸問題の確認と理解、解決をとくにめざす学際的研究を奨励しなければならない。

68 すべての国は、一方で科学と技術、他方で異なる社会とその制度の間の関係を性格づける緊張をよりよく理解し、管理するための社会科学研究を奨励し、支援しなければならない。技術の移転は、その住民と社会に起こりうる影響の分析を伴わなければならない。

69 教育機関の構造およびそのカリキュラムの構成は公開されていなければならず、かつ、社会の発する必要に適合するように柔軟でなければならない。若い科学者は、社会的諸問題への知識と理解、および彼らの特化された専門領域外の事柄に対処する力量を備えていなければならない。

70 科学を専攻する学生への大学のカリキュラムは、その学習を社会の必要および現実と関連づける現場学習をふくめなければならない。

3.2 倫理的諸問題

71 科学の倫理と責任は、あらゆる科学者の教育と養成の不可欠の一部でなければならない。学生たちが後にその職業生活で遭遇するであろう倫理的ディレンマについての熟考と警戒、認識にたいする能動的な姿勢を学生に獲得させることが重要である。若い科学者は、科学の基礎的倫理原則と責任を尊重し、堅く守るよう、適切に支援されなければならない。ユネスコの「科学的知識と技術の倫理に関する世界委員会」（COMEST）は、イクシュの「科学の責任と倫理に関する常任委員会」（SCRES）と協力して、この課題を追求する特別な責任を有するものである。

72　研究機関は、科学的活動がもつ倫理的側面の研究を促進しなければならない。特別な学際研究計画は、科学的活動に関する規制がもつ倫理的意味と方法を分析し、監視することが必要である。

73　国際科学社会は、他の関係機関と協力して、環境倫理および環境行動綱領を推進するための討論を、公開討論をふくめて、振興しなければならない。

74　科学研究機関は、倫理基準に従うこと、倫理的諸問題に関して発言する科学者の自由を尊重すること、そして、科学的ないし技術的進歩の誤用または濫用を告発することを強く求められている。

75　政府および非政府組織、とりわけ科学・学術団体は、科学活動がもつ倫理的意味に関する討論を、公開討論をふくめて、組織しなければならない。関連する規制機関および意思決定機関は科学者および科学・学術団体を、十分に代表するものでなければならない。かかる活動は、科学者の仕事と責任の一部として制度的に奨励され、認識されなければならない。科学の諸団体は、その構成員のための倫理的綱領を制定しなければならない。

76　政府は、科学的知識の利用とその応用に関する倫理的諸問題に対応するための適切な機構の設置を奨励しなければならず、かかる機構は、まだおかれていないところに設置されなければならない。非政府組織と科学研究機関は、その権限のある分野における倫理委員会の設立を推進しなければならない。

3.3　科学への参加の拡大

77　ユネスコ加盟国は、「国際生命倫理委員会」および「科学的知識と技術の倫理に関する世界委員会」の活動を強化し、かつ適切な代表権を確保することが強く求められる。

78　政府機関・国際団体および大学・研究機関は、研究活動の計画と位置づけ、実行・評価において女性の十全な参加を保障しなければならない。女性が科学研究の将来方向の課題を形成するうえで能動的に参加することが重要である。

79　不利な立場にある集団が、政策の発展をふくんで、研究活動のあらゆる局面に

十全に参加することもまた、保障される必要がある。

80　すべての国は、ユネスコその他の関連国際団体と協力して、科学・技術に関するジェンダー別に分析された統計の作成のため、国際的に標準化された方式で、信頼しうるデータの収集に貢献しなければならない。

81　政府および教育機関は、不利な立場にある集団をふくんで、社会のすべてのセクターから個人が科学へ首尾よく参加することを拡大するために、学習の初期の段階から、差別的な効果をもつような教育の日常的な活動を確認し、これを排除しなければならない。

82　研究活動での公然ないし隠然の差別の実施を除去するあらゆる努力がなされなければならない。科学の職業への若い科学者の入職を促進するために、いっそう柔軟かつ浸透的な仕組みが設定されなければならない。労働条件をふくむあらゆる科学技術活動における社会的公正の達成をめざす方策が計画され、実施され、監視されなければならない。

3.4　近代科学とその他の知識体系

83　政府は、伝統的な形態の学問と知識の適用を広範に用いることを認め、同時にその商業化が正当に報いられることを保障する全国的政策の確立を要請される。

84　伝統的、地域的知識の体系に関する全国的、国際的レベルでの活動への援助を強化することが考慮されなければならない。

85　諸国は、科学・技術システムにたいして、既知の有用性の要素を抜き出すことにだけ重点をおくのではなく、伝統的な知識の体系をよりよく理解し、活用を促進しなければならない。知識は、農村社会と双方向的に流れなければならない。

86　政府組織および非政府組織は、伝統的な知識体系の保持者であり、開発者であるその社会、その生活様式、その言語、その社会組織および彼らが生きる環境などへの積極的な支援によって、伝統的な知識の体系を持続させなければならず、また、伝統的知識の大部分を所蔵する女性の貢献を十分に認識しなければならない。

87 政府は、異なる知識体系の間の関連を探求し、相互の利点の内的な関連を促進するために、伝統的知識の保持者と科学者との間の協力を支援しなければならない。

追　跡

88 われわれ、世界科学会議の参加者は、「科学と科学的知識の利用に関する宣言」で宣明した諸目標を達成すべく、断固として取り組む決意をし、以下に記する追跡のための諸提案を支持するものである。

89 本会議のすべての参加者は、この「アジェンダ」を行動の枠組みと考え、他のパートナーがそれを支持するように勧めるものである。そうするうえで、政府および国連組織、その他の当事者は、科学またはその応用を包括する具体的な方策および行動を企画し、実施する場合に、この「アジェンダ」ないし、その関連部分を活用しなければならない。このようにして、真に多国的で多面的な活動計画が開発され、実行されるであろう。われわれはまた、若い科学者が、この行動枠組みの追求において重要な役割を果たさなければならないことを確信するものである。

90 ユネスコが後援した女性と科学に関する六つの地域フォーラムの成果を考慮して、本会議は、二国間および国際機関の支援を受けて、科学と技術のあらゆる局面で女性と女子の完全な参加を保障するために、政府および教育機関、科学社会、非政府組織、市民社会が特別な努力を払わなければならないことを強調するものである。この目的のために、
● 教育制度のあらゆる段階で科学教育への女子と女性のアクセスを促進すること。
● すべての研究分野で新人の募集と継続、昇進の条件を改善すること。
● 科学者および政策決定者、社会一般の間に現にあるジェンダーの固定観念を克服するために、ユネスコおよびユニフェム（UNIFEM：国連女性のための発展基金）と協力して、科学・技術への女性の貢献についての認識を高める全国的、地域的、全世界的キャンペーンを開始すること。
● 科学・技術における女性の役割を拡大するうえでの抑圧と進歩の資料の文書化を進め、ジェンダーの要素的なデータの収集と分析によって支援される研究をおこなうこと。

- 実施を監視し、影響の測定と評価をとおして最善の実践と教訓を記録すること。
- 全国的、地域的、国際的な政策と意思決定の機関およびフォーラムに女性の適切な代表を保障すること。
- 女性科学者の国際ネットワークを設置すること。
- 科学・技術における女性の貢献を記録しつづけること。

　このようなイニシアチブを継続させるために、政府は、これら諸目標の達成を支援するうえで、必要な政策変更の導入を提起し、監視するための適切な機構を、まだおかれていない場合、創設しなければならない。

91　また、科学・技術において不利な立場にある集団の完全な参加を保障するために、特別な努力が払われなければならず、その努力には以下のことがらがふくまれる。
- 教育制度における障害を除去すること。
- 研究システムにおける障害を除去すること。
- 現存する固定観念を克服するために、科学・技術へのこれらの集団の貢献について認識を高めること。
- 制約の記録、データの収集によって支えられる研究をおこない、その実施を監視し、最善の実践を記録すること。
- 意思決定機関およびフォーラムでの代表権を保障すること。

92　本会議の追跡は、自身のとりくみに責任を有するそれぞれの多くのパートナーによっておこなわれるが、ユネスコは、本会議の共催者であるイクシュと協力して、情報センターとして活動しなければならない。この目的のために、すべてのパートナーは、追跡の提起ととりくみに関する情報をユネスコに送付しなければならない。これに関連して、ユネスコおよびイクシュは、関連する国連諸機関および双務的資金提供者との国際学術協力、とくに地域的協力のための具体的なイニシアチブを発展させなければならない。

93　ユネスコとイクシュは、両団体がそれぞれの活動計画で追跡のとりくみを確認し、直視して、それへの支援を強化することを可能にするために、それぞれの総会に、この「科学と科学的知識の利用に関する宣言」および「科学アジェンダ──行動のための枠組み」を提出しなければならない。その他の協力団体も同様にそれぞれの理事会に提出しなければならず、また国連総会も世界科学会議の結

果を把握しなければならない。

94　国際社会は、この科学アジェンダを実施するうえで発展途上国の努力を支援しなければならない。

95　ユネスコ事務局長およびイクシュ会長は、本宣言と「科学アジェンダ——行動のための枠組み」をすべての国、関連する国際的・地域的団体および多国間研究機関に伝達することをふくめて、本会議の結果をできるだけ広範に普及することを保障しなければならない。すべての参加者がこの普及に貢献することを勧奨される。

96　われわれは、科学におけるあらゆる当事者の間でのパートナーシップのいっそうの強化を呼びかけるとともに、ユネスコが、他のパートナーと協力して、世界科学会議にたいする追跡の定期的検討を準備し、実施することを勧告する。とくに2001年までに、ユネスコとイクシュは、共同して、本会議についての対応、追跡の実施およびさらなるとりくみに関して、政府および国際パートナーへの分析報告をとりまとめることになるだろう。

※この「序説ノート」は、科学アジェンダ草案の理解のために、会議書記局によって作成（1999年6月15日付）されたもので、採択に付されたものではないが、アジェンダ各課題の課題性、根拠を明らかにしている（訳注）。

東京高等教育研究所

〒169-0075　東京都新宿区高田馬場2-5-23
　　　　　　　第1桂城ビル3F東京私大教連内

TEL 03-3208-8071　FAX 03-3208-0430

日本科学者会議

〒113-0034　東京都文京区湯島1-9-15 茶州ビル9階

TEL 03-3812-1472　FAX 03-3813-2363

執筆者（執筆順）

はまばやし　まさお
浜林　正夫　　一橋大学名誉教授、元・東京高等教育研究所所長
ふかやま　まさみつ
深山　正光　　身延山大学名誉教授
くらはら　きよひと
蔵原　清人　　工学院大学名誉教授、元・東京高等教育研究所所長・事務局長

ユネスコ高等教育勧告宣言集
大学改革論の国際的展開

2023年7月20日　第1版第1刷発行

編　者——東京高等教育研究所・日本科学者会議

発　行——有限会社　唯学書房

　　　　　　〒113-0033　東京都文京区本郷1-28-36　鳳明ビル102A
　　　　　　TEL　03-6801-6772　　FAX　03-6801-6210
　　　　　　E-mail　yuigaku@atlas.plala.or.jp
　　　　　　URL　https://www.yuigakushobo.com

発　売——有限会社　アジール・プロダクション

装　幀——下村敏志（KreLabo）

印刷・製本——モリモト印刷株式会社